中华精神家园
U0577439

中华精神家园

民风根源

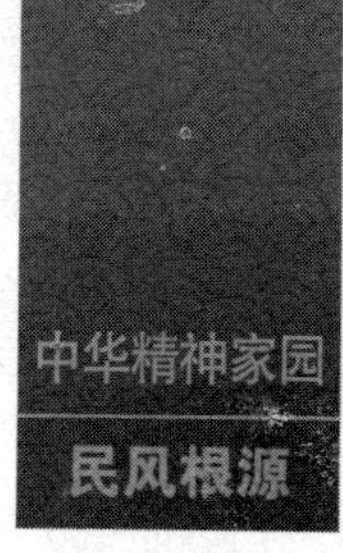

祭祀庆典

传统祭典与祭祀礼俗

肖东发 主编　张学文 编著

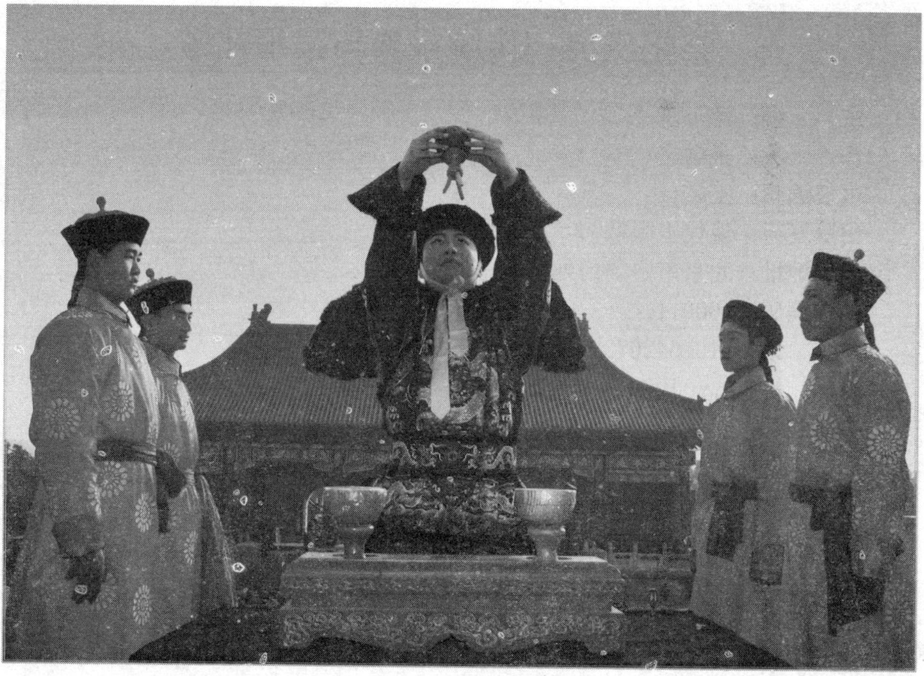

中国出版集团
现代出版社

图书在版编目（CIP）数据

祭祀庆典 / 张学文编著. — 北京：现代出版社，2014.9（2019.1重印）
ISBN 978-7-5143-2518-8

Ⅰ. ①祭… Ⅱ. ①张… Ⅲ. ①祭祀－风俗习惯－介绍－中国 Ⅳ. ①K892.29

中国版本图书馆CIP数据核字(2014)第217340号

祭祀庆典：传统祭典与祭祀礼俗

主　　编：肖东发
作　　者：张学文
责任编辑：王敬一
出版发行：现代出版社
通信地址：北京市定安门外安华里504号
邮政编码：100011
电　　话：010-64267325 64245264（传真）
网　　址：www.1980xd.com
电子邮箱：xiandai@cnpitc.com.cn
印　　刷：三河市华晨印务有限公司
开　　本：710mm×1000mm　1/16
印　　张：10
版　　次：2015年4月第1版　2021年3月第4次印刷
书　　号：ISBN 978-7-5143-2518-8
定　　价：29.80元

党的十八大报告指出："文化是民族的血脉，是人民的精神家园。全面建成小康社会，实现中华民族伟大复兴，必须推动社会主义文化大发展大繁荣，兴起社会主义文化建设新高潮，提高国家文化软实力，发挥文化引领风尚、教育人民、服务社会、推动发展的作用。"

我国经过改革开放的历程，推进了民族振兴、国家富强、人民幸福的中国梦，推进了伟大复兴的历史进程。文化是立国之根，实现中国梦也是我国文化实现伟大复兴的过程，并最终体现为文化的发展繁荣。习近平指出，博大精深的中国优秀传统文化是我们在世界文化激荡中站稳脚跟的根基。中华文化源远流长，积淀着中华民族最深层的精神追求，代表着中华民族独特的精神标识，为中华民族生生不息、发展壮大提供了丰厚滋养。我们要认识中华文化的独特创造、价值理念、鲜明特色，增强文化自信和价值自信。

如今，我们正处在改革开放攻坚和经济发展的转型时期，面对世界各国形形色色的文化现象，面对各种眼花缭乱的现代传媒，我们要坚持文化自信，古为今用、洋为中用、推陈出新，有鉴别地加以对待，有扬弃地予以继承，传承和升华中华优秀传统文化，发展中国特色社会主义文化，增强国家文化软实力。

浩浩历史长河，熊熊文明薪火，中华文化源远流长，滚滚黄河、滔滔长江，是最直接的源头，这两大文化浪涛经过千百年冲刷洗礼和不断交流、融合以及沉淀，最终形成了求同存异、兼收并蓄的辉煌灿烂的中华文明，也是世界上唯一绵延不绝而从没中断的古老文化，并始终充满了生机与活力。

中华文化曾是东方文化摇篮，也是推动世界文明不断前行的动力之一。早在500年前，中华文化的四大发明催生了欧洲文艺复兴运动和地理大发现。中国四大发明先后传到西方，对于促进西方工业社会的形成和发展，曾起到了重要作用。

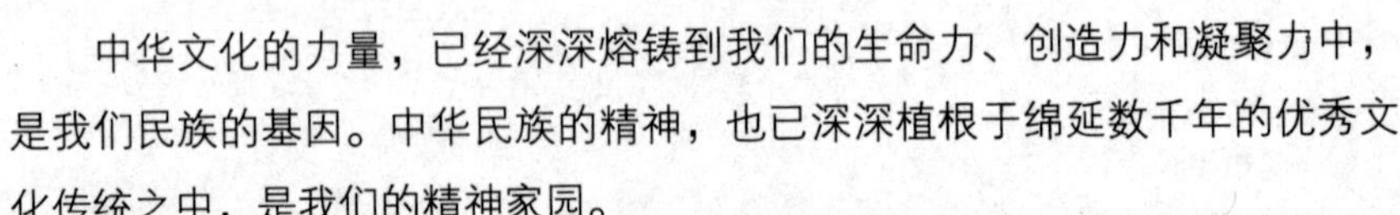

中华文化的力量，已经深深熔铸到我们的生命力、创造力和凝聚力中，是我们民族的基因。中华民族的精神，也已深深植根于绵延数千年的优秀文化传统之中，是我们的精神家园。

总之，中华文化博大精深，是中国各族人民五千年来创造、传承下来的物质文明和精神文明的总和，其内容包罗万象，浩若星汉，具有很强的文化纵深，蕴含丰富宝藏。我们要实现中华文化伟大复兴，首先要站在传统文化前沿，薪火相传，一脉相承，弘扬和发展五千年来优秀的、光明的、先进的、科学的、文明的和自豪的文化现象，融合古今中外一切文化精华，构建具有中国特色的现代民族文化，向世界和未来展示中华民族的文化力量、文化价值、文化形态与文化风采。

为此，在有关专家指导下，我们收集整理了大量古今资料和最新研究成果，特别编撰了本套大型书系。主要包括独具特色的语言文字、浩如烟海的文化典籍、名扬世界的科技工艺、异彩纷呈的文学艺术、充满智慧的中国哲学、完备而深刻的伦理道德、古风古韵的建筑遗存、深具内涵的自然名胜、悠久传承的历史文明，还有各具特色又相互交融的地域文化和民族文化等，充分显示了中华民族的厚重文化底蕴和强大民族凝聚力，具有极强的系统性、广博性和规模性。

本套书系的特点是全景展现，纵横捭阖，内容采取讲故事的方式进行叙述，语言通俗，明白晓畅，图文并茂，形象直观，古风古韵，格调高雅，具有很强的可读性、欣赏性、知识性和延伸性，能够让广大读者全面接触和感受中国文化的丰富内涵，增强中华儿女民族自尊心和文化自豪感，并能很好继承和弘扬中国文化，创造未来中国特色的先进民族文化。

2014年4月18日

寻根问祖——人文始祖祭典

缅怀千载——先贤英雄祭典

感天谢地——天地大海祭典

人文始祖祭典

祭祀起源于商朝，商人认为鬼神有很大威力，能够决定人们命运，所以人们十分崇敬鬼神。人们把鬼神分为天神、地祇、人鬼三类，而且以人鬼就是祖先为祭拜主要对象。人们认为祖先虽然死了，灵魂仍然存在，可以降祸、亦可赐福子孙。因此，人们每年都要安排时日，进行虔诚祭祀。

这种崇拜祖先的观念一直延续着，形成了我国一种独特的文化现象，而在其中，对上古之神女娲、中华始祖炎黄二帝、人类始祖伏羲的祭祀尤为隆重而盛大，在我国千百年来长盛不衰。

中华民族母亲女娲的祭祀

伏羲女娲图

相传在远古的时候，有个叫华胥的神国，这个神国有个叫华胥氏的公主，她到一个住着雷神的雷泽去游玩。她看到雷神留下了一个巨大的脚印，就好奇地踩了一下，于是便有了身孕。

华胥氏公主怀孕12年后生下一个儿子，这个儿子有蛇的身体人的脑袋，非常聪明，取名为伏羲。在伏羲出生后，他又得到了一个蛇身人首的妹妹，叫作女娲，号曰女希氏。

自从盘古从混沌中开天辟地

伏羲女娲石像

后，临死化身，又创造了山川河流、日月星辰、草木虫鱼。有一天，女娲行走在大地上，她感到非常孤独，觉得应该给天地之间增添一些更加有生气的东西，使得大地具有活力。

偶然间，女娲来到一处水池边，清澈碧透的池水，倒映出她那秀美的身影。于是，她抓起地上的黄土，就照着自己映在水中的样子，揉捏成了一个娃娃形状的小东西。

说来也很奇异，当女娲把这个泥娃娃放到地面上时，这个小东西就有了生命，眼睛睁开了，嘴巴张开了，还手舞足蹈、活蹦乱跳的。女娲对自己的劳动成果异常欣慰，就给这个泥娃娃取名叫作“人”。

这个人的身体虽然很小，但因为是女神亲手造的，所以，他与飞鸟、走兽都不同。他集天地的精华，是万物中思想最丰富的生命，他有管理大地的智慧。

女娲又继续用手揉合掺了水的黄泥，造了许多男男女女。女娲想

■女娲像

用这些小人儿去充实大地，但大地毕竟太大了，她工作了很久很久，已经相当疲倦了。

最后她拿起一根绳子，伸到泥浆里去，然后用力一挥，泥点溅落的地方，立即出现了一个个欢欣跳跃的小人儿。这些小人儿成群地走向平原、谷地、山林，从此以后，地球上才有了我们人类。

后来，女娲教男女结婚生子，教人们结网渔猎，并建立了婚姻制度。据史书《三家注史记·三皇本纪》记载，女娲还制造了一种叫笙簧的乐器，于是人们又奉女娲是音乐鼻祖之一。

有一年，水神共工和火神祝融因故吵架而大打出手，最后祝融打败了共工，水神共工因打输了而羞愤地向西方的不周山撞去。

哪知，那不周山是撑天的柱子，不周山崩裂了，支撑天地之间的大柱断折了，天倒下了半边，出现了

共工 我国古代神话中掌控洪水的水神，与驩兜、三苗、鲧同为四大凶神，性格冲动暴躁，是个胆壮气粗脾气耿直的神灵。传说共工曾撞断了用来给天地之间作支柱的不周山，震得天空的日月星辰都变了位置，大地上的河流都改了走向。

一个大窟窿，地也陷成一道道大裂纹，山林燃起了大火，洪水从地底下喷涌出来，毒虫猛兽也出来残害、吞食人们。人类濒临灭绝的危险。

女娲目睹人类遭到如此奇祸，感到无比痛苦，于是决心补天，以终止这场灾难。她选用各种各样的五色石子，架起火将它们熔化成浆，用这种石浆将残缺的天补好，随后又斩下一只千年大龟的四脚，当作四根柱子把倒塌的半边天支起来。

女娲还擒杀了残害人们的黑龙，刹住了龙蛇的嚣张气焰。最后为了堵住洪水不再漫流，女娲还收集了大量芦草，把它们烧成灰，堵塞向四处铺开的洪流。经过女娲一番辛劳整治，苍天总算补上了，地填平了，水止住了，龙蛇猛兽敛迹了，人们又重新过着安

灵符 我国道教中具有神力的符咒的一种除魔降妖、祈愿祝福工具。灵符的类别繁多，用途相当广泛，大致可分为祈福开运符、镇宅符、护身平安符、催财符，和合的情缘符、姻缘符、化煞符、解降符、斩鬼符等。

女娲造人雕像

女娲补天塑像

乐的生活。

但是这场特大的灾祸毕竟留下了痕迹。从此天还是有些向西北倾斜，因此太阳、月亮和众星辰都很自然地归向西方，又因为地向东南倾斜，所以一切江河都往那里汇流。天空出现的彩虹，就是女娲补天神石的彩光。

经过这场浩劫，人类幸存者已经很少。为了使人类能再次发展增多，女娲便以黄土和泥，用双手捏起泥人来。每造一人，取一粒沙计数，终而成一硕石，女娲将其立于西天灵河畔。

此石因其始于天地初开，受日月精华，灵性渐通。不知过了几载春秋，只听天际一声巨响，一石直插云霄，顶于天洞，似有破天而出之意。

女娲放眼望去，大惊失色，只见此石吸收日月精华以后，头重脚轻，直立不倒，大可顶天，长相奇幻，竟生出两条神纹，将石隔成三段，纵有吞噬天、地、人三界之意。

女娲急施魄灵符，将石封住，心想自造人后，独缺姻缘轮回神位，便封它为三生石，赐它法力三生诀，将其三段命名为前世、今生、来世，并于其身添上一笔姻缘线，从今生一直延续到来世。

为了更好地约束其魔性，女娲思虑再三，最终将其放于鬼门关忘川河边，掌管三世姻缘轮回。当此石直立后，神力大照天下，跪求姻缘轮回者更是络绎不绝。

悠久的中华文明史，孕育了美丽的女娲神话传说。关于女娲的神话传说主要还有：兄妹结亲、抟土造人、制作笙簧、炼石补天、占地移山等。

《论衡》为东汉王充所作，王充在《论衡》中，充分利用科学知识为武器，无情地批判了天人感应说和谶纬迷信。《论衡》不但是我国古代思想史上一部划时代的杰作，而且也是我国古代科学史上极其重要的典籍。

这些生动的神话故事，浓墨重彩地描绘了女娲这位上古时期带领人类治理洪水、孕育人类、建章立制、制作丝竹、创造文明、推进历史进程的始祖形象，高度赞扬了女娲战天斗地、征服自然、不屈不挠、仁慈博爱的始祖精神。《淮南子·览冥训》载：

考其（女娲）功烈，上际九天，下契黄垆，名声照后世，光辉熏万物。

秦砖上的女娲图案

这位开宇宙、立世界的人类母亲，将永远被后世所崇敬。

在我国，还有人认为女娲是一个真实存在过的历史人物，主要活动于黄土高原，她的陵寝位于山西临汾的洪洞县赵城侯村。女娲陵的存在时间可能在三四千年以上，同黄帝陵一样，也是我国古代皇帝祭典的庙宇。当地在

杜光庭（850年—933年），字圣宾，号东瀛子，缙云人。一生著作颇多，有《道德真经广圣义》《道门科范大全集》《广成集》《洞天福地岳渎名山记》《青城山记》《武夷山记》《西湖古迹事实》等。我国古代著名传奇小说《虬髯客传》相传系他所作。

每年农历三月初十前后，均举行长达7天的大型庙会和祭祀活动。

其实，关于对女娲进行祭祀始见于东汉王充的《论衡·顺鼓篇》，书中记载：

久雨不霁，则攻社，祭女娲。

久雨而祭女娲，跟治水有关，顺鼓篇女娲是旱神。专设女娲皇祠进行祭祀，最早见于北魏郦道元的《水经注》：

瓦亭水又西南出显亲峡，石宕水注之。水出北山，山上有女娲祠。庖羲之后有帝女娲焉，与神农为三皇矣。

■女娲塑像

瓦亭水流出北山，是谓成纪水，女娲祠在成纪。成纪水有二说，一谓天水成纪，一谓渭水支流葫芦河，也就是瓠河成纪。

从女娲祠祭祀意义上说，无所谓天水、渭水葫芦河成纪，二者同源。北魏辖境内，也有陕西潼关等诸女娲山。北魏三皇祭，是伏羲、女娲、神农。唐末五代前蜀杜光庭的《录异记》记载：

■女娲补天图

陈州不太昊之墟，东关城内，有伏羲女娲庙。

河南陈州伏羲女娲庙，能够回溯《山海经·大荒南经》记载的鼬姓之国南境陈州山。不太昊，即祭坛、瓮衮。由此可见，女娲庙广泛分布在我国的广阔土地上。

其中位于甘肃东南部的秦安号称“女娲故里”，据《水经注》记载，秦安县城北面，山上有女娲祠，此地有风姓命名的风沟、风台、风茔等地名，娲皇、凤尾、龙泉等村名，传说女娲生于风沟，长于风台，葬于风茔。后来，这里陇城镇的人们为了纪念女娲，就自发筹资在原址重新建起一座仿古式女娲大殿。

在秦安陇城镇的风沟悬崖上，一直都有一处深

《水经注》是公元6世纪北魏时郦道元所著，全书30多万字，详细介绍了我国境内1000多条河流以及与这些河流相关的郡县、城市、物产、风俗、传说、历史等。《水经注》还记录了不少碑刻墨迹和渔歌民谣，是我国古代较完整的一部以记载河道水系为主的综合性地理著作。

不见底的女娲洞，镇北门外有一口大井，世称龙泉，据传是女娲抟土造人用水之泉。镇南门有一座气宇轩昂、雕梁画栋的女娲庙，大殿正中有女娲氏塑像，生动再现了女娲“炼石补天”和“抟土造人”的情景。

女娲作为氏族女神，历来都享受着国家和民间的供奉，自商周以来就形成了祭祀女娲的人祖庙会，后来经过国家的提倡和宣传，祭祀规模越来越宏大。每年的仲春三月，虔信女娲的人们都要来庙里进香拜祭，并举行盛大的公祭和民祭活动。

女娲补天塑像

民祭是我国民间自发组织的一种祭祀女娲活动，是当地人们最为重视的祭祀形式。每到这天，附近十里八村的村民们都会自发前来祠堂祭拜。这里的人们对女娲的传说简直深信不疑，谈起女娲，他们都会以一种崇敬的神情，指着附近的山冈和丘陵，介绍“风谷”、“风台”和“风茔”。他们说这三个以“风”命名的场所，分别是女娲出生、成长和辞别人间的地方，这些地方一直都遗留着女娲在此生活过的痕迹。

祭祀一般进行五天，从农历三月十一日开始设坛拜祭，十二日取龙泉圣水洒坛祈福，以保民安，

■女娲庙

十三日风沟迎接銮驾，十四日风台迎馔，十五日上午正坛祭祀。

公祭保留着最传统的祭祀方式，举行公祭符合群众的心愿，人们在每年正月十五都会自发祭祀女娲，公祭肯定了人们尊敬祖先的传统美德。

仪式开始前，民间的祭师就会身着法衣，手持笏板，头戴“三清冠”，守在即将供奉给女娲的“三牲”和“五谷”旁边。紧接着击鼓鸣钟，先击鼓34咚，代表整个国家共同祭祀女娲，紧接着鸣钟9响，代表中华民族传统最高礼数。

农历 是我国长期采用的一种传统历法，这种历法以太阳历安排了二十四节气以指导农业生产活动，故称为农历。实际上，农历与阴历是不同的。阴历是以朔望的周期来定月，用置闰的办法使年平均长度接近太阳回归年，又有夏历、汉历等名称。

仪式开始后，伴随着礼乐，祭师和其他民间祭师及数十位年长的“乡老”一起，进入女娲祠并献上供品和宣读祭文。取龙泉水向万民祈福，向娲皇圣像行礼，祭祀仪式古老，风格典雅。

在我国，女娲文化历史悠久，内涵极为丰富，她

女娲造人壁画

是人类始祖文化的杰出代表，主要包括国家和民间对人类始祖女娲抟土造人、炼石补天、断鳌足、立四极、治洪水、通婚姻、做笙簧等功德的朝拜和祭祀，其主要形式为传统娲皇宫三月庙会、期间的民祭、公祭、重温神话传说、女娲传说中造福于民的故事。并进行村名地名的关系的溯源和婚嫁、生育、人生礼俗、岁时节庆等。

我国民间相传农历三月十八日为女娲生日，从农历三月初一开始，到三月十八日，为娲皇宫庙会。庙会期间，民间祭祀以摆社为主要形式。

周边地区摆社以福建漳州、泉州、山西长治、榆次为主，每年农历三月十八日，都要组织百余人，全套祭祀器具设备，到涉县娲皇宫去寻根祭祖，谒拜女娲。本地几乎村村有社，甚至一村多社，从清康熙年间后，上顶朝拜的有七道社，分别为曲峧社、石门社、七原社、温村社、索堡社、桃城社和唐王峧社。

农历三月初一，各社组织人员，多则上千人，少则几百人，全副古装穿戴。祭品有三牲太牢、时果三珍、馒首干果等，祭器设备有金瓜钺斧朝天镫、祭旗、功德旗、黄龙旗、五彩旗等。祭祀队伍一字长

祭器 祭祀时所陈设的各种器具。古代的祭器多瓷器、陶器、铜器或铁器等，古人祭祀很少用铁器，不是因为容易生锈，而是古人认为“铁以镇魂”，故有“棺不见铁”之说等，铁会镇摄祖宗亡灵，所以是忌讳铁器的。

龙，浩浩荡荡，甚是壮观。民间活动融入了音乐、舞蹈、服装、道具等极为丰富的文化内涵。

除集中民间祭祀摆社外，从三月初一开始，各地零散香客云集娲皇宫，祈禳还愿，整月川流不息。祈禳内容包括求福、求寿、求财、求前程、求子、求平安、求康健、问前程等；形式有坐夜、打扇鼓、撒米、结索开索、披红、垒石子、结红布、绑娃娃等，丰富多彩，不一而足。

还愿即祈禳时所许之愿，在达到目的后的兑现之举，带上祭品、香纸、鞭炮等，到娲皇宫拜谒娲皇圣母。这种民族认同感和文化认同感，形成了丰厚的民俗文化氛围。

进香朝拜的时间不太固定，一般多在农历每月的初一或十五日，平时也可。形式多为烧香叩首，进香朝拜，目的不外乎祈求国泰民安，物阜民丰，风调雨顺，五谷丰登，万事如愿，全家安康等。

政府公祭也是女娲祭祀的一个重要环节，根据清代嘉庆《涉县

女娲观

■女娲宫

志》记载：

> 我朝顺治、康熙、雍正间历经修理，每年以三月十八为神诞日，有司致祭，自月初一讫二十启庙门，远近士女坌集。

表明从清朝就已有公祭，公祭女娲大典女娲文化历史悠久，内涵极为丰富，她是人类始祖文化的杰出代表。

女娲文化中还有很多内容与生活中的礼俗、习俗有联系。

由于在神话传说中，女娲创造了华夏先民，所以在涉县人民心中她不仅担当起了送子的重任，还要保佑孩子平安长大。远近的青年男女结婚后，如不生育，婆婆大都要带媳妇到娲皇宫来求子，娲皇奶奶送子后还要把小孩的真魂锁在娲皇宫里照看，不被邪门歪道夺去，直到13岁成人时父母再带孩子来娲皇宫开锁，把孩子领回家去。

开锁时要由三个不同姓氏的人边唱开锁歌，边用荆条拍打孩子，每人反复开锁三次。唱词多是保佑孩子健康、聪明的语言，比如：天门开、地门开，奶奶面前开锁来，头上打打，精明伶俐，脚下打打，长命百岁。

打扇鼓 又叫扇鼓舞，使用扇鼓、马鞭这两种道具，扇鼓是由鼓面和鼓把两部分组成，鼓面是一个圆铁环，其上张覆羊皮，鼓把是一铁棍，下端有铁环，环上挂小铜铃，其形颇像团扇，故称扇鼓。主要出现在庙会上或者是庙的开光典礼等地方。是我国古代民间的一种敬神舞蹈。

开锁仪式也是一种较早期的成人礼。涉县的村名、地名很多与女娲文化有关，如弹音村与女娲造笙簧有关，磨盘山与女娲造人有关，桃城村与女娲教民种植有关。

女娲是华夏先民最伟大的母亲，每当正月初一、正月十五、端午节、七夕节、中秋节等重要岁时节庆日，人们都要到娲皇宫拜谒女娲，并把这些节庆当作女娲赐给他们的幸福和节庆欢乐。

女娲文化作为始祖文化的重要组成部分，长期以来都有着丰富的文化内涵，有神话传说故事、民间祭祀朝拜、祈禳还愿、史料记载等内容，且流传地域广泛，妇孺童叟皆知，久传不衰，有口皆碑。

长期的祭祀活动积淀成了厚重的女娲文化，伴随着祭祀活动，同步产生了祭祀音乐、祭品文化、祭器文化、服装文化，在打扇鼓、坐夜、求应等朝拜形式上也有很高的民俗研究价值，对于满足人类的祈禳、求应增加了丰富的内容，融入了丰富的文化内涵。

阅读链接

我国民间相传，女娲在造人之前，于正月初一创造出鸡，初二创造狗，初三创造猪，初四创造羊，初五创造牛，初六创造马，初七这一天，女娲用黄土和水，仿照自己的样子造出了一个个小泥人，她造了一批又一批，觉得太慢，于是用一根藤条，沾满泥浆，挥舞起来，一点儿一点儿的泥浆洒在地上，都变成了人。为了让人类永远地流传下去，她创造了嫁娶之礼，自己充当媒人，让人们懂得“造人”的方法，凭自己的力量传宗接代。

中华始祖轩辕黄帝的祭典

那是远古的时候，华夏部落降生了一个神奇的男孩。据传，他出生几十天就会说话，少年时思维敏捷，青年时敦厚能干，成年后聪明坚毅。这个男孩因为居住在轩辕之丘，就是后来的河南新郑的西北，因此以“轩辕氏”为号，人们称他为轩辕。也有说因为他发明了轩辕，就是一种古老的车，所以人们称他为轩辕。

轩辕黄帝铜像

轩辕继承了有熊部落的首领之位后，因为这个氏族居住在黄土地上，人们在黄土地上耕种生存，以地为大，于是就把轩辕首领称为黄帝，就是管理整个黄土的帝。

黄帝继承部落首领后，有熊氏的势力得到迅速发展，并形成

■涿鹿故城壁画

了一个独立的黄帝部落。黄帝部落在从姬水向东发展的过程中，将原始农业发展到高度繁荣的阶段，使本部落迅速发展壮大。

黄帝当政期间，九黎族部落首领蚩尤暴虐无道，到处发动兼并之战。蚩尤在向炎帝部落发动战争时，由于炎帝部落以农耕为主，不敌蚩尤的进攻。炎帝无奈，只好求助于黄帝。

黄帝毅然肩负起安定天下的责任。黄帝与蚩尤大战于涿鹿，双方的战士英勇无畏，战斗十分激烈。黄帝在大将风后、力牧的辅佐之下，终擒蚩尤而诛之，各部落于是尊黄帝为部落联盟首领，这样黄帝便成为了天下的共主。因黄帝有土德之瑞，是管理整个黄土的，所以沿袭尊称为黄帝。

蚩尤 远古时代九黎族部落的首长，也是苗族相传的远祖之一，我国神话中的古代战神。同时也是牛图腾和鸟图腾氏族的首领，其中，双角牛头又是传统的龙文化里的龙。传说，蚩尤的身体异于常人，铜头铁额，刀枪不入，作战时善于使用刀、斧、戈作战，不死不休，勇猛无比。

不久，天下又出现骚乱。黄帝知道蚩尤的声威还在，于是画了蚩尤的面相到处悬挂。天下的人都以为蚩尤未死，只是被黄帝降服了，于是更多的部落都来

■黄帝塑像

归附。后来，蚩尤被尊为战神。

炎帝虽然被蚩尤打败，实力尚存。他不满黄帝成为天下共主，企图夺回失去的地位，于是起兵反抗。炎、黄二帝发生火并，决战在阪泉之野进行。经过三场恶战，黄帝得胜。从此，黄帝天下共主的地位最终确立，号令天下，凡是不顺从的部落，他就去加以讨伐。

黄帝在位时间很久，国势强盛，政治安定，文化进步，有许多发明和制作，如文字、音乐、历数、宫室、舟车、衣裳和指南车等。相传尧、舜、禹、皋陶、伯益、汤等均是他的后裔，因此黄帝被奉为中华民族的共同始祖。

皋陶 偃姓，又作咎陶、咎繇，也作“臯陶”、“臯繇”或“皋繇”，我国古代传说中的人物。史书典籍中多称为“大业”，传说他是我国上古“五帝”之首的少昊的后裔，东夷部落的首领。皋陶是舜帝和夏朝初期的一位贤臣，以正直闻名天下，是上古中华第一任司法部长，后常为狱官或狱神的代称。

黄帝是我国远古时期的部落首领，是原始社会父系时期的代表性人物，以其文治武功统一了当时的各个氏族部落，成为中华民族最早的一位领袖人物，开创了人类从野蛮走向文明的一系列物质文明和精神文明，开启了中华民族灿烂文化的篇章，因此被尊为中华民族的人文初祖，是我国古代文明的象征。

古代的人们认为“万物本乎天，人本乎祖”，因而非常重视对祖先的祭祀，黄帝去世后，对黄帝的祭祀又逐渐显现出一种新的迹象，黄帝不但作为华夏民族的始祖，还赢得了其他部族的崇敬。

后世子孙为了表达对黄帝的功绩的怀念与感戴，对他进行隆重的祭祀。据马骕《绎史》引证《竹书纪年》及《博物志》记载：

黄帝崩其臣左彻取衣冠几杖而庙祀之。

黄帝祭祀便从此开始，据《礼记》记载，虞、夏、商、周都祭祀黄帝。此后，历经秦汉，魏晋、隋、唐、宋、元、明、清各朝代，对黄帝的祭祀，上至王宫贵族，下至黎民百姓，历经千年而不衰，正反映了中华民族对先祖的“报功崇德”，“继志述事”，“慎终追远”，“民德归厚”的民族精神和情操。

随着历史的演变，黄帝陵祭祀活动在长期的实践中成为国家的盛典，形成了既定的规模格式和祭典礼仪，大致可分为公祭和民祭两种形式。

《绎史》 清代马骕撰，史学书籍。《绎史》共160卷，正文分为太古、三代、春秋、战国和外录五部分，书后还列世系图表与正文配合，这在以往的史书中属前所未有，“卓然特创，自为一家之体”。全书是研究我国原始社会和先秦史的重要参考资料。

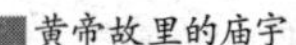

■黄帝故里的庙宇

远古时期，人们对于祖先的祭祀主要是郊、祖、宗三大类，所谓郊，就是在祭祀上帝的时候同时还祭祀祖先。黄帝崩，当时人们自然要根据传统习惯祭祀黄帝。

《左传》 原名《左氏春秋》，汉代改称《春秋左氏传》。相传它是春秋末年左丘明为解释孔子的《春秋》而作，但实质上是一部独立撰写的史书。《左传》起自公元前722年，迄于公元前453年，以《春秋》为本，通过记述春秋时期的具体史实来说明《春秋》的纲目，是儒家重要经典之一。

在古代，各部族祭祀的对象和内容都是互不统属的。《左传》说：神不歆非类，民不祀非族。所以黄帝的祭典也可能在本族内部流行了相当长的时期，在当时祭祀始祖的禘礼中，黄帝占有很重要的地位。

作为天帝之一的黄帝祭祀在春秋战国时代，随着阴阳五行学说的流行和发展，出现了六天说，而黄帝作为五方帝之一，在郊天之礼中得到附祭，有时还得到特祭。在天帝祭典中与黄帝之祭有较多关系的有圜丘祭天和“五郊”。

在两汉以后，黄帝作为历代帝王之一在中央的三皇五帝庙中得到祭祀，时间一般是春、秋各一次祭

■黄帝陵庙宇

祀。可以断定，在唐玄宗天宝六年，即747年，即已有比较固定的祭礼、祭器规定，而这些规定一直延续到了清代，黄帝祭典开始成为了定制，只有个别细节在不同朝代有所变化。

■黄帝石像

这种祭典大致有三类内容，其一是作为天帝之一在郊祭天地的大典中得到附祭；其二是作为历代帝王之一在历代帝王庙中被祭祀；其三是作为帝王陵寝之一的黄帝陵受到祭祀。

作为始祖的黄帝祭祀据《国语·鲁语》记载，有虞氏和夏后氏都将黄帝视为自己的始祖加以祭祀。在古代，祭祀始祖的具体礼仪可分两类：一是在祭天之礼中配祭始祖；二是在宗庙举行的禘祫之礼和时享之礼中加以祭祀。

祭天之配祭礼仪，包括很多重要的环节，首先，君主要首先进行斋戒，安排相关人员陈设，安置黄帝神主于上帝神主之左，在黄帝神主前，也陈牛、羊、豕三牲及其他祭器，准备相应祭品。

紧接着，就是祭日早晨了，礼官请上帝神主至神坛时，也请黄帝神主。皇帝就祭坛。皇帝至上帝神、黄帝神主前上香，请神降临。并奠玉帛、进俎。皇帝

《国语》 我国最早的一部国别体著作。记录了周朝王室和鲁国、齐国、晋国、郑国、楚国、吴国、越国等诸侯国的历史。上起周穆王西征犬戎，下至智伯被灭，包括各国贵族间朝聘、宴飨、讽谏、辩说、应对之辞以及部分历史事件与传说。

《大唐开元礼》唐开元中敕撰，150卷。唐初礼司无定制，遇事临时议定礼仪。开元中从张说奏，取贞观、显庆礼书，折衷异同，以为定制。由徐坚等创始，萧嵩等完成。此书修成于唐代开元盛世，这一时期也是我国古代社会的全盛期。

及众官俱跪读祝文，根据《大唐开元礼》规定，皇帝恭读祭文为：

维某年多次目朔日，用致火香祀于皇天上帝，优惟庆流长发，德冠思文，对越昭升，永言配命，谨以制帛牺齐，粢盛庶品，式陈明荐，侑神做主、尚飨。

读完祭文，皇帝再向上帝神和黄帝献爵，行亚献礼、终献礼、饮受福胙，撤馔，最后送神，望燎，祭祀仪式结束。

值得一提的是，公祭轩辕黄帝典礼仪式上，一般都会供奉着鼎、俎、簋、尊、壶、爵、笾、编钟等祭器和各种极具民族文化传统的器具。

■黄帝陵衣冠冢

按照中华文化传统，祭器体现着祭祀者对受祭者

■黄帝陵

的尊重程度和祭祀的礼仪等级，是各种祭祀礼仪中备受关注的一个项目。

黄帝是中华民族人文初祖，公祭轩辕黄帝典礼作为国家大祭，应该享有最高等级的祭祀礼仪。历朝历代对黄帝的祭祀，都使用天子级别的“九鼎八簋”。

早在周代时期青铜器就是贵族世家的标志了，也是庙堂中不可或缺的器具。周代以后包括明清在内历朝历代的宗庙祭祀、三皇五帝祭祀、孔庙祭祀，以及天坛、社稷的祭祀等，也都使用青铜礼器，式样都是仿自商周。

在清明公祭轩辕黄帝典礼仪式上，供奉的鼎、俎、簋、尊、壶、爵、笾、编钟等祭器就是按照这一原则供奉的。如在黄帝陵公祭的典礼上，就供奉了共58件、套的祭器，其中就有鼎一列9件。

这9件鼎的原型采用西安长安区出土的勾连雷纹

编钟 我国古代汉族的大型打击乐器，编钟兴起于西周，盛于春秋战国直至秦汉。它用青铜铸成，由大小不同的扁圆钟按照音调高低的次序排列起来，悬挂在一个巨大的钟架上，用丁字形的木锤和长形的棒分别敲打铜钟，能发出不同的乐音，因每个钟的音调不同，按照音谱敲打，可以演奏出美妙的乐曲。

■轩辕庙前的鼎

鼎，形制纹饰相同，大小相次，最大的通耳高135厘米，最小的通耳高55厘米，圆形，窄平沿，双立耳，圆底，三条柱足，内壁铸篆书铭文，内容为：

> 赫赫吾祖，德惠永长；祚我华夏，弥刚弥强；载宁九州，民富小康；鼎铸盛世，用祀用享。

篆书 是大篆、小篆的统称。大篆指甲骨文、金文、籀文、六国文字，它们保存着古代象形文字的明显特点。小篆也称“秦篆”，是秦国的通用文字，是大篆的简化字体，其特点是形体匀逼齐整、字体较籀文容易书写。在汉文字发展史上，它是大篆由隶书、楷书之间的过渡。

俎九件，与九鼎配套，原型采用《商周彝器通考》著录中的兽面纹俎，形制、纹饰、大小相同，通高46厘米，长88厘米，宽22厘米。

簋八件，与九鼎配套，原型采用陕西泾阳高家堡出土的夔龙纹方座簋，形制、纹饰、大小相同，通高40厘米。

尊四件，其中，圆尊两件，原型采用的是陕西扶风出土的商尊；方尊两件，原型采用荣子方尊，均通高65厘米。

壶四件，其中圆壶两件，原型采用陕西扶风出土的微伯壶，直口长颈，圆腹圈足，颈部有一对衔环兽首耳；方壶两件，原型采用陕西眉县出土的单五父壶，圆角方形，直口长颈，颈部有一对衔环顾龙形耳，均通高65厘米。

爵四件，原型采用陕西扶风出土的父辛爵，通高60厘米。

笾八件。原型采用陕西扶风出土的微伯口铺，直口浅盘，喇叭形镂空座，通高25厘米。

还有其他小件共九件，其中小爵四件，作祭酒之用，通高22厘米；烛台四件，仿河南三门峡出土的跽坐人漆绘灯，跽坐人头梳偏髻，着小冠，身着右衽长袍，腰束宽带，双手撑掌灯柄，灯作浅盘形，通高35厘米；香炉一件，仿曾侯乙鼎，浅腹平底，两耳外

香炉 即是焚香的器具。用陶瓷或金属做成种种形式。其用途亦有多种，或熏衣、或陈设、或敬神供佛。我国香炉文化的历史可以追溯到商周时代的“鼎”。香炉起源于何时，尚没有定论。古代文人雅士把焚香与烹茶、插花、挂画并列为四艺，成为他们重要的生活内容。

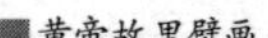
■黄帝故里壁画

■轩辕庙里的编钟

张，三足呈兽蹄形，通高35厘米，口径45厘米。

此外，还有编钟、编磬和建鼓各一套。在黄帝像前方的左右侧设有编钟、编磬和建鼓各一套。钟、磬和鼓这些打击乐器在古代祭祀和宴飨中同样占有重要的地位，是不可或缺的礼器。编钟原大仿制湖北随州市擂鼓墩出土的曾侯乙编钟，全套共65件，重5吨。

建鼓 古称足鼓、晋鼓、楹鼓、植鼓、悬鼓。蒙古、满、汉等族棰击膜鸣乐器，曾为历代宫廷所用。建鼓的历史悠久，3000年前的商代至西周之际已有此鼓，是我国出现最早的鼓种之一，战国时代已广泛应用。建鼓在壁画中较为少见，敦煌石窟唐代156窟壁画中有建鼓图像，但奏法完全不同。

编磬放置在黄帝像前方的左侧，与编钟相配套，共32枚，仿湖北荆州出土的彩绘编磬制作。建鼓亦放置在黄帝像前方的左侧，仿曾侯乙建鼓制作。

当然，黄帝作为始祖被祭祀，最重要的祭地就是祖庙。后世一般把陕西黄陵县的黄帝庙视为黄帝祖庙，从唐代宗大历七年，即773年，以至后来的历朝历代都不同程度地多次对黄帝庙进行了整修、修葺。

除了政府举行庄重的公祭之外，我国民间也会举行各种各样热闹的民祭黄帝的活动，民祭开始后，全场肃立，鸣炮奏乐，敬献三牲，摆放贡品，焚香点照，向轩辕殿轩辕黄帝圣像行三叩首礼，恭读拜祖文，并拜谒祖殿，此后还会举办形式各样的祭祀活动。

祭祀是中华民族缅怀先贤、先祖的传统习俗，在古代祭祀是国之大事，古语云：“国之大事，在祀在戎”。

黄帝陵祭祀在我国民族文化和我国社会政治生活中长期产生重大的影响，与我国的儒家思想、道家思想及其当时的政治、军事、文化、科技、建筑、艺术、教育、音乐的传统密切相关，蕴藏着丰富的历史文化内涵。

而黄帝开创的中华民族文化及其民族精神，在民族发展史上的作用是全面的、深入的、无所不包的。之所以要祭祀黄帝，就是要弘扬黄帝文化，传承黄帝精神，继承祖先遗志，奋发图强，继往开来。对进一步增强民族情感和文化认同，凝聚民族力量，增强民族团结，振奋民族精神，有着不可替代的重要作用。

阅读链接

传说黄帝发明一种带轮子的运输工具。仓颉起名叫“车”，成为迁徙游牧生活的运载工具，大大减轻了先民的体力。为让人们永远记住这个功劳，仓颉和各位大臣商议，命车为“轩辕”。黄帝当时没有一个正式名字，就以“轩辕”作为黄帝的正式名字。

黄帝被先民们拥戴为尊长，一直没有正式“职称”。大臣们起了很多尊称，黄帝都不同意。最后，黄帝觉得，土是黄色，土能生万物，土是人们生存的靠山，先民们又是黄皮肤，所以确定自己的尊称是“黄地”。从此，“轩辕黄地”就定了下来。殷商时代，一些文人觉得把祖先称“黄地”不雅，故借“地”和“帝”谐音，把“黄地”改为“黄帝”，“轩辕黄帝”从此沿用下来。

形式不断丰富的炎帝祭祀

据说，我国古时候东方九黎族的首领蚩尤族善于制作兵器，其铜制兵器精良坚利，而且部众勇猛剽悍，生性善战，擅长角牴，在进入华北地区后，首先与炎帝部族发生了正面冲突。

炎帝画像

蚩尤族联合巨人夸父部族和三苗一部，用武力击败了炎帝族，并进而占据了炎帝族居住的“九隅”，即“九州”。炎帝族为了维持生存，于是向黄帝族求援。

黄帝族答应了炎帝族的请求，将势力推向了东方。这样，便同正乘势向西北推进的蚩尤族在涿鹿地区相遭遇了。当时蚩尤族集结了所属的81个支族，在力量对比上占据了数量优势。

双方接触后，蚩尤族便倚仗人多势众和武器优良等条件，主动向黄帝族发起攻击。黄帝族则率领以熊、罴、狼、豹、雕、龙等为图腾的氏族，迎战蚩尤族，并采取“应龙高水”的方式，就是利用位处上流的条件，在河流上筑土坝蓄水，以阻挡蚩尤族的进攻。

炎帝陵内的炎帝像

“战争”爆发后，适逢浓雾和大风暴雨天气，这很适合来自东方多雨环境的蚩尤族展开军事行动。所以在初战阶段，适合于晴天环境作战的黄帝族处境并不有利，曾经九战而九败。然而不多久，雨季过去，天气放晴，这就给黄帝族转败为胜提供了重要契机。

黄帝族把握战机，在玄女族的支援下，乘势向蚩尤族发动反击。其利用特殊有利的天气，一举击败敌人，并在冀州之野擒杀其首领蚩尤，涿鹿之战就这样以黄帝族的胜利而宣告结束。战后，炎黄族乘胜东进，一直进抵泰山附近，在那里举行“封泰山”仪式后方才凯旋西归。

同时，炎帝还“命少皞清正司马鸟师”，即在东夷集团中选择一位能附众的氏族首长名叫少皞清的继续统领东夷部落联盟，并使东夷集团同自己的炎黄集

图腾 原始时代的人们把某种动物、植物或非生物等当作自己的亲属、祖先或保护神。相信他们有一种超自然力，会保护自己，并且还可以获得他们的力量和技能。在原始人的眼里，图腾实际是一个被人格化的崇拜对象。不同地区和国家的人有不同的图腾崇拜，比如我国人的图腾一般为龙。

《系辞》 是《易传》的第四种，亦称《系辞传》，分为上、下两部分。《系辞》解释了卦爻辞的意义及卦象爻位，所用的方法有取义说、取象说、爻位说。又论述了揲著求卦的过程，用数学方法解释了道德教训之书《周易》筮法和卦画的产生和形成。

团互结为同盟，形成了最初的华夏部落联盟。

炎帝神农氏在教民耕种的过程中发明了耕播工具。《周易·系辞下》载："包牺氏没，神农氏作。斫木为耜，揉木为耒。耒耨之利，以教天下，盖取诸益。"《礼·含文嘉》说，神农氏"始作耒耜，教民耕种"，都讲到炎帝神农氏制作的耕播工具耒耜。耒耜的创造和推广，极大地促进了农业生产的发展。

随着种植业的兴起，人们的食物逐渐有了剩余。于是，炎帝部落把野生的猪、狗、羊、鸟、牛、鸡等进行人工饲养，既作为他们的肉食，又驯其畜力服务于人，由此又出现了畜力农耕。东汉学者王充所著的《论衡》中载述炎帝之世，神农氏"煮马屎以汁渍种者，令禾不虫"，便是当时畜牧饲养业的写照。

为了促使人们有规律地生活，按季节栽培农作物，炎帝神农还立历日，立星辰，分昼夜，定日月，

■炎黄二帝塑像

■炎帝壁画

月为30日，十一月为冬至。

炎帝管理部落，治理天下很有方法。他不望其报，不贪天下之财，而天下共富之。智贵于人，天下共尊之。他以德以义，不赏而民勤，不罚而邪正，不忿争而财足，无制令而民从，威厉而不杀，法省而不烦，人民无不敬戴。

炎帝还是我国教育的始祖，他教民使用工具，教民播种五谷，教民医药，教民制陶、绘画，教民弓箭、猎兽、健身，教民制琴、教民音乐、舞蹈，还教民智德。可见，炎帝时期，德、智、体、美得到了全面重视和发展。

炎帝对人类的发展做出了巨大的贡献。炎帝精神，集中表现在创业精神，奉献精神，敢为人先的创造精神，百折不挠，自强不息的进取精神。

炎帝精神使中华后裔在与自然和社会的斗争中，摆脱愚昧和野蛮，追求先进与文明。这种精神使华夏民族获得了高度的团结和统一，他与黄帝结盟并逐渐

王充 （27年—约97年），字仲任，会稽上虞人，他的祖先从魏郡元城迁徙到会稽。王充年少时就成了孤儿，乡里人都称赞他孝顺。后来到京城，到太学里学习，拜扶风人班彪为师。《论衡》是王充的代表作品，也是我国历史上一部不朽的无神论著作。此外，还著有《讥俗》《政务》《养性书》等。

■炎帝雕像

形成了华夏族，因此形成了炎黄子孙。所以，人们便举行祭祀活动来怀念炎帝。

春秋末年左丘明为解释孔子的《春秋》而作的《左传》中记载说：

> 神不歆非类，民不祀非族。

这句话说明在远古时期，各部族祭祀的祖先神是独立的。因此，在相当长的时间里，炎帝首先应该是在自己的姜炎部族内部得到祭祀的。

战国时期，随着大一统意识和大一统趋势的加强，炎黄二帝的地位显著上升，得到了越来越多诸侯国和部族的祭祀，但这种祭祀主要是天帝祭祀和帝王祭祀，以血缘为纽带的始祖祭祀不占主要地位。

后来，受阴阳五行学说和方士造神运动的影响，

左丘明（前502年—前422年），姓丘，名明，因其父任左史官，故称左丘明。左丘明是我国传统史学的创始人，史学界推左丘明为中国史学的开山鼻祖，被誉为“百家文字之宗、万世古文之祖”。左丘明的思想是儒家思想，在当时较多地反映了人们的利益和要求。

原本为人祖的炎帝同黄帝等一起演化为天神，成为五方帝之一，成为时祭、郊祭的对象之一。《周礼·春官·小宗伯》记载说：

小宗伯之职，掌建国之神位，右社稷，左宗庙。兆五帝于四郊，四望四类亦如之。

到了战国中期，邹衍在阴阳五行说的基础上创立了五德终始说。邹衍认为木克土、金克木、火克金、水克火、土克水，王朝更替是五行相克的产物。

阴阳五行学 我国古代朴素的唯物论和自发的辩证法思想，它认为世界是物质的，物质世界是在阴阳二气作用的推动下滋生、发展和变化，并认为木、火、土、金、水五种最基本的物质是构成世界不可缺少的元素。这五种物质相互滋生、相互制约，处于不断的运动变化之中。

《吕氏春秋》“十二纪”中把五帝与五行、四时相配。《孟夏纪》《仲夏纪》《季夏纪》等著作中都说“其日丙丁。其帝炎帝。其神祝融。”《礼记·月令》中也有类似的说法，《孔子家语·五帝》说：

昔丘也闻诸老聃曰：天有五行，金木水火土，分时化育，以成万物，是神谓之五帝。古之王者，易代而改号，取法五行，五行更王，终始相生，亦象其义。故其为明王者，死而配五行，是以太皞配木、炎帝配火、黄帝配土、少皞配金、颛顼配水。

■古籍《吕氏春秋》

孔子清楚地说明了五帝的

由来。同样是在战国时期，“方术之士为取信诸侯而为历史人物制造神圣故事，使战国发生了一场造神运动”，方士造神的结果是将“历史神话化”，将炎帝等远古人物送上了神坛，作为天帝受到祭祀。炎帝作为天神受到祭祀，主要有圜丘配祭、五方帝配祭、蜡祭、明堂祭、先农坛祭等。

到了汉代，汉高祖刘邦的赤帝子斩白帝子的故事，为自己建立的新政权寻找合理性。光武帝刘秀建立东汉政权时再度借助“赤帝子”的故事，声称汉为火德。有汉一代，炎帝地位颇高，但并未获得始祖的地位。

倒是魏晋南北朝时，北周和北齐的政权自称为炎帝之后。《周书·文帝纪》中记载：“太祖文皇帝姓宇文氏，讳泰，字黑獭，代武川人也。其先出自炎帝神农氏，为黄帝所灭，子孙遁居朔野。”

在此之后的许多帝王，都自称是炎帝的后代，但是对炎帝的祭祀却并非始祖祭祀，仍为天帝祭祀和帝王祭祀，只是地位更尊贵罢了。

炎帝陵

■炎帝塑像

直到唐代开始，炎帝才作为有功德之远古帝王，在三皇庙、帝王庙中受到祭祀。唐玄宗时“于京城置三皇、五帝庙，时时享祭”。734年正月，唐玄宗下诏曰：“古圣帝明王、岳渎海镇，用牲劳，余并以酒脯充奠祀。”747年正月，唐玄宗又诏曰：

> 敕三皇五帝，创物垂范，永言殷祀，宜有钦崇。三皇：伏羲，以句芒配；神农，以祝融配；黄帝，以风后、力牧配。……其择日及置庙地，量事营立。其乐器，请用宫悬。祭请用少牢。仍以春秋二时致享。共置令、丞，令太常寺检校。

此后历代皆在三皇庙、帝王庙中祭祀炎帝。《大

唐玄宗（685年—762年），即李隆基，也叫唐明皇，于712年至756年在位，是唐睿宗李旦的第三个儿子。唐玄宗治理国家时很注意拨乱反正，任用姚崇、宋璟等贤相，励精图治，他的开元盛世是唐朝的极盛之世。756年李亨即位后，尊其为太上皇。

■炎帝祠

明会典》卷九一载洪武二十六年，遣祭历代帝王的礼仪。首先，在祭祀的前一天，要举行斋戒，太常官宿于本司。次日具本奏致斋二日，传制遣官行礼。

紧接着，传制、省牲，一般是牛五、羊五、豕六、鹿一、兔八的规格，凡正祭前一日，献官都要将这些承制完毕。

员外郎 简称外郎或员外，通称副郎。南北朝时简称员外散骑侍郎为员外郎，是较高贵的近侍官。隋代始于六部郎中之下设员外郎，以为郎中之助理，由此延至清代不变。明朝以后员外郎成为一种闲职，不再与科举相关，人们可以用钱买这个官职。

正祭是炎帝祭祀中最为重要的一个环节，正祭开始后，典仪唱乐舞生就位，执事官各司其事，赞引引献官至盥洗所，赞搢笏、出笏；引至拜位，赞就位，典仪唱迎神，协律郎举麾奏乐，乐止，赞四拜。

典仪唱奠帛，行初献礼，奏乐，执事官各捧帛爵进于神位前，赞引赞诣三皇神位前，搢笏，执事官以帛进于献官，奠讫，执事官以爵进于献官，赞献爵，出笏；诣五帝神位前，诣三王神位前，诣汉高祖、光武、唐太宗皇帝神位前，诣宋太祖、元世祖神位前，出笏。

诣读祝所，跪读祝，读祝官取祝跪于献官左，读毕，进于神位前，赞俯伏，兴，平身，复位，乐止。典仪唱亚献礼，奏乐，执事官各以爵献于神位前，乐止。典仪唱行终献礼。

典仪唱饮福受胙，赞诣饮福位，跪，搢笏，执事官以爵进，饮福酒，执事官以胙进，受胙，出笏，俯伏，兴，平身，复位。

赞两拜，典仪唱彻馔，奏乐，执事官各以神位前彻馔，乐止。典仪唱送神，奏乐，赞四拜平身，乐止，典仪唱读祝官捧祝，掌祭官捧帛馔，各诣燎位，乐止，赞礼毕。紧接着，就是迎神、奠帛、初献、亚献、终献、彻馔、送神和望燎，

真正设炎帝陵并设殿祭典并纳入皇朝定制的当为宋代，宋太祖赵匡胤“黄袍加身”之后，为了给新王朝寻求“顺承天意”的合理依据，他就派使者遍访天下的帝王古陵，但就是没有找到炎帝的陵墓。

后来“太祖抚运，梦赶见帝，于是驰骋复求，得诸南方”，也就是后来的炎陵鹿原陂为“炎帝神农氏之墓”。967年，宋太祖下诏建造炎帝陵，禁止樵采。置守陵五户管理陵殿，并派遣员外郎丁顾言诣潭州告祭。此后，炎帝陵寝之祀“三岁一举，率以为常”，形成定制。

炎帝陵圣火台

自宋代建陵以来，历代均在湖南炎陵的炎帝陵祭祀炎帝。最早有记载的炎帝陵官方祭祀活动在967年，宋太祖诏命“建庙陵前，肖像而祀，随之

■炎帝陵石碑

遣官诣致祭”，并“在三岁一举，率以为常”。

此后，元、明、清各代对炎帝陵祭祀从未间断。有史记载，明代15次，清代达38次。历朝历代炎帝陵祭祀的名目繁多，以告即位为主，此外还有告禳灾除患、靖边军功、亲政复储、万寿晋徽等。据《陵县志》记载，古代官方祭祀炎帝陵，其声势浩大，仪程复杂、讲究。择定祭期，告祭官前期致斋三日，地方官备鼓乐仪仗行一跪三叩礼相迎。

告祭官至，各官着朝服跪迎，地方官恭奉御祭文、香、帛安置于龙亭内，迎至公所中堂，各官行三跪九叩。御祭文、香、帛、龙亭由午门入至祭所，钦差官及陪祭各官着吉服由东门入，行一跪三叩礼。

祭期前一日，由告祭官司与陪祭官监视宰牲，在陵内进行演礼。祭日四鼓，地方官率领由礼生、执事人、陈设、乐工等组成的礼仪队伍齐集于陵外，五鼓时，告祭官、陪祭官着朝服由东门进入陵内，执事人击鼓三声后，告祭官、陪祭官就位，照部颁布礼，主要的颁布礼是上供烛、奏乐章、迎神、初献、亚献、终献等，告祭宫、陪祭官颁礼完毕，退由西门出，每次官祭都会刻碑文昭于世人。

炎帝陵公祭活动一直都被沿袭并不断演变，主要有公祭大典、告祭典礼，其中又分迎宾仪式、引导仪

唢呐 最初的唢呐是流传于波斯、阿拉伯一带的乐器。唢呐大约在公元3世纪在我国出现，新疆拜城克孜尔石窟第38窟中的伎乐壁画已有吹奏唢呐形象。在700多年前的金、元时代，传到我国中原地区。唢呐史料始见于明代。唢呐发音开朗豪放，高亢嘹亮，刚中有柔，柔中有刚，是深受人们喜爱和欢迎的民族乐器之一，广泛应用于民间的各项活动。

式、祭典仪程、瞻仰仪式、开午门仪式、谒陵仪式和祭文碑揭碑仪式等，祭祀仪程为序曲、敬香、敬供品、谒陵、揭碑、礼成等。

在仪仗队伍方面也有很大变化，炎帝陵祭典现有的祭祀仪仗有反映农耕文化的五谷耒表演队，三牲五谷时鲜供品队《炎帝颂》大型表演队、祭祀乐曲演奏队、神农锣鼓队、祭祀锣鼓队、祭祀幡旗队、民间唢呐队、龙狮朝圣队、牛角吹奏队、56个民族队等。

这些公祭的大规模的祭祀活动多在清明、重阳等重大节日举行，特别是重阳节，株洲都举行“炎帝节”，以炎帝陵祭祀活动为重点，开展一系列文化、商贸交流活动。

炎帝陵祭祀历经数千年，不仅没有被历史的烟云所湮没，而且随着对炎帝陵祭祀文化价值认识的不断深化和祭祀内容的不断扩展，炎帝陵祭祀的形式自然也就不断丰富和翻新，富有鲜明的时代色彩。

阅读链接

炎帝在中医方面也有很大的成就，《淮南子》记载神农氏“尝百草之滋味，水泉之甘苦，令民所避就。当此之时，一日而遇七十毒”。记载描述了炎帝神农氏及先民们在采集活动中，逐渐发现，由于误食了某些动植物，会发生呕吐、腹疼、昏迷、甚至死亡。吃了某些动植物，能消除或者减轻身体的一些病痛或解除因吃了某些植物而引起的中毒现象。在渔猎生活中，又发现，吃了某些动物的肢体、内脏，能产生特殊的反应。经过长期的实践，人们便能逐渐辨识许多动植物，了解它们的功效，遇到患有某种疾病，便有意选择某些动植物来进行治疗。正是这种亲身实践和探索的精神，奠定了我国中医学的基础，开创了中华民族的中医学文化。后人为了纪念他，将我国的第一部医学著作命名为《神农本草经》。

祭祀文化代表的伏羲祭祀

伏羲氏画像

从前，人们对天上会有云彩、下雨下雪、打雷打闪，地上会刮大风、起大雾，不知道是咋回事。很多人去问伏羲，他也说不出个原因。伏羲总想把这些事儿弄清楚，可想来想去，咋也想不出个头绪来。

有一天，伏羲在蔡河，也就是流经淮阳伏羲南门前的一条河边捕鱼，他逮住一个白龟。他想：世上白龟少见哪！当年天塌地陷，白龟老祖救了俺兄妹，后来就再也见不到了。莫非这个白龟是白龟老祖的子孙？这样的话，我得把它养起来。

于是，伏羲挖了个坑，灌进水，把

白龟放在里边，逮些小鱼虾放坑里，让白龟吃。也怪，白龟养在那儿，坑里的水格外清。伏羲每次去喂它，它都凫到伏羲跟前，趴在坑边不动弹。

■伏羲画八卦图

伏羲没事儿就坐在坑沿儿上，看着白龟，想 世上的难题儿。看着看着，他见白龟盖上有花纹，就折一根草秆儿，在地上比着白龟盖上的花纹画。画着想着，想着画着，画了九九八十一天，画出了名堂。他用一通道儿当阳，一断道儿当阴，一阳二阴，一阴二阳，来回搭配，画来画去，就画成了八卦图。

后人把伏羲养白龟那个坑叫白龟池，画八卦那地方叫画卦台。这就是伏羲造八卦的传说故事，八卦流传到后世被用于占卜，坊间亦用汉字“三求平未，斗非半米”来记八卦符号。

最重要的是，伏羲始创的八卦代表了我国古代文化的秘密符号，这组代表自然界天地水火山川雷电的象形文字，是我国文字的起源，而其中所蕴含的博大精深的文化内涵，成为古代东方哲学的标志，并吸引着无数人们不断地进行着探索和研究。

可以说，伏羲是我国古代传说中一位对华夏文明做出过卓越贡献的神话人物，有关他的传说，最具神秘色彩的便是他的出生和成婚。

八卦图 衍生自中华古代的《河图》与《洛书》，传为伏羲所作。其中《河图》演为先天八卦，《洛书》演为后天八卦。八卦各有三爻，“乾、坤、震、巽、坎、离、艮、兑”分立八方，象征“天、地、雷、风、水、火、山、泽”八种性质与自然现象，象征世界的变化与循环，如同五行，世间万物皆可归至八卦之中。

传说中的伏羲人面蛇身，是因他的母亲在一个名叫雷泽的地方踩了一个巨人雷神的脚印而怀孕12年后出生的，这个雷泽据考证就在后来被人们叫作天水的地方。

再后来，一次洪水吞没了整个人类，唯有伏羲和他的妹妹女娲幸存了下来。用泥掺水制作娃娃。

紧接着，伏羲教人们织网捕鱼，从而使人类原始的狩猎状态进入到初级的畜牧业生产。他确定了婚嫁制度，创造了历法，发明了乐器，教会人们制作和食用熟食，结束了人类身披树叶，茹毛饮血的野性状态。

伏羲还创造历法、教民渔猎、驯养家畜、烹饪食物、婚嫁仪式、始造书契、发明陶埙、琴瑟乐器、任命官员等。同时还创立了中华民族的统一图腾“龙”，龙的传人即由此而来。

随着部落的兼并和迁徙，伏羲所创立和倡导的古代文明沿渭水到黄河流域，与其他民族相融合，形成了以炎黄部落为核心，以伏羲文

天水伏羲庙

化为本体的华夏民族。

因为伏羲人面蛇身而崇奉的蛇图腾，也由黄土高原蔓延到中原大地，演变成为龙图腾，成为中华民族的象征，伏羲因此成了普天之下华人的共同始祖，尊享着普天下人们的共同祭祀。

■伏羲塑像

据史料记载，对伏羲的祭祀始于秦代早期。西汉初年，继承秦代之郊祭制度，东汉沿用此制，隋唐五代均以“三皇之首”祭之。唐玄宗开元年间，京师长安建三皇庙。747年又完善祭祀程序，为三皇的祭祀确立了规范。《唐会要》卷二十二有云：

> （天宝）六载正月十一日，敕：三皇五帝创物垂范，永言龟镜，宜有钦崇。三皇：伏羲（以勾芒配）、神农（以祝融配）、轩辕（以风后、力牧配）……其择日及置庙地，量事营立，其乐器请用宫悬，祭请用少牢。仍以春秋二时致享供，置令丞，令太常寺捡校。

不过，唐代的三皇祭祀仅限于京师，其余各地不得祭祀。

琴瑟 是古琴与古瑟的合称。据文献记载，伏羲发明琴瑟。琴与瑟均由梧桐木制成，带有空腔，丝绳为弦。琴初为五弦，后改为七弦，瑟二十五弦。古人发明和使用琴瑟的目的是顺畅阴阳之气和纯洁人心。琴与瑟可以合奏，琴在台前，瑟在台后或台侧的屏风后。

伏羲庙牌匾

宋代以后，祭祀日渐隆盛。北宋对三皇陵寝的祭祀相当重视，960年，宋太祖曾下诏云：

先代帝王，载在祀典，或庙貌犹在，久废牲牢，或陵墓虽存，不禁樵采。其太昊、炎帝、黄帝……各置守陵五户，岁春秋祠以太牢。

966年，宋太祖下诏春秋祀以太牢，御书祝版。当时太昊专祀地确定在河南陈州伏羲陵，祭祀规格由少牢升为太牢。

金章宗明昌年间，于秦州三阳川蜗牛堡，即卦台山创建伏羲庙。据《金史·礼志》记载：

（前代帝王）三年一祭，于仲春之月祭

宋太祖（927年—976年），即赵匡胤，字元朗，小名香孩儿，赵九重。960年，发动陈桥兵变，黄袍加身，代周称帝，建立宋朝，定都开封，在位16年。在位期间，加强中央集权，提倡文人政治，开创了我国的文治盛世，死后葬于郑州巩义宋陵之永昌陵。庙号太祖。谥号启运立极英武睿文神德圣功至明大孝皇帝。

伏羲于陈州，神农于亳州，轩辕于坊州……

秦州蜗牛堡伏羲庙的祭祀活动也是根据历代王朝祭祀制度进行的。既是专庙，当历年祭祀，至于三年一祭当指大祭。金代京师不设三皇庙，对各地三皇陵寝的祭祀，每至祭期由学士院特制祝文，颁行各处作为法定的文字。秦州蜗牛堡伏羲庙祭祀活动亦纳入金朝祭祀伏羲的统一规划。

1295年，元成宗诏命全国各地通祀三皇，《元史·祭祀志》云：

初命郡县通祀三皇，如宣圣释奠礼。太昊伏羲氏以勾芒氏之神配……有司岁春秋二季行事，而以医师主之。

当时卦台山伏羲庙主祭伏羲，配祀炎帝神农和轩辕黄帝。每年的农历三月三日和九月九日用太牢祭祀，礼乐仿孔庙。秦州成纪县令韩或认为：成纪是伏羲的诞生地，卦台山是伏羲的画卦场所，因此，此处伏羲的祭祀规格理应高于其他的州县，于是申明礼部，每年春秋二祭由官府出资，由官员主祭，而不像其他州县由医师主祭。同时，秦

伏羲塑像

伏羲陵三清观

州还专庙田145亩，作为祭祀伏羲的专项资金来源，以保障祭祀的顺利进行。

明初，沿袭元制。《明史·礼志》云：

> 明初仍元制，三月三日、九月九日通祀三皇。洪武元年令此太牢祀。

至1371年，太祖朱元璋认为全国各地通祀三皇，是对三皇的亵渎，应立即中止。《明太祖实录》洪武四年三月丁未条云：

> 上曰：三皇继天立极，以开万世教化之源，而汩于医师，其可乎？自今命天下郡县毋得亵祀，止命有司祭于陵寝。

诏令一出，全国各地三皇庙尽数废止。河南陈州是伏羲的陵寝所在地，被明廷指定为全国唯一的伏羲祭祀地。同年，朱元璋还自制祝文，亲临致祭，以示重视。所幸天水卦台山也被列为伏羲的另一处陵墓，《大明一统志·秦州·陵墓》云：

> 伏羲陵：再秦州北四十里。世传三阳川蜗牛堡有伏羲陵。

诏令 也叫圣旨，是指我国古代以皇帝名义发布的公文的统称。诏令大体上可分两大类，一是发布重大制度、典礼、封赏的文书；二是日常政务活动的文书。概括起来有制、诏、诰、敕、旨、册、谕、令、檄等。

尽管官祭被取消，而民间祭祀尚存。嘉靖年间的胡缵宗在他的《太昊伏羲庙乐记》中有“考之诞圣之郡，画卦之台，前代无不举祀，而国朝独缺焉。”的句子，就是指洪武之后嘉靖以前州署不再主祭伏羲情形而言的。

1516年，明代批准在卦台山重建伏羲庙，官祭随之恢复。1521年，又批准将拟建于卦台山的伏羲庙改建于秦州。从此，伏羲祭祀中心转到秦州治所，卦台

三皇塑像

礼部 我国古代官署之一，是吏、户、礼、兵、刑、工的六部之一，由礼部尚书主管。礼部负责考察五礼，也要管理全国学校事务与科举考试及藩属和外国往来的事项。礼部共分为仪制清吏司、祠祭清吏司、主客清吏司、精膳清吏司这四司。

山伏羲庙地位下降，沦为民祭场所。

其实，早在1483年的时候，秦州就有太昊宫，也就是伏羲庙的前身，但未得到明代政府的认可，属草创阶段，祭祀也没有制度化。

1523年秦州伏羲庙正式建成，祭祀活动渐次正规化、制度化，礼部还专门为祭祀制定了程式化的祭文。1533年陕西监察御史张鹏、秦州知州黄仕隆主持制礼作乐，张鹏还亲自撰写了《迎神曲》《送神曲》各一章。

同时还制定了祭祀程序、乐生舞生员额、祭祀人员的服饰以及所用祭器，使祭祀进入极盛期，由此，秦州伏羲庙成为全国性的祭祀场所。

其祭祀过程主要包括出告文、出榜文、迎神、献供、恭读祭文和送神六项仪式。

告文是一种特殊的文体，太昊庙告文指秦州伏羲

■伏羲氏之陵

■太昊宫内伏羲陵太极门

庙在祭祀伏羲氏之前出的告示，其告知对象是广大的百姓，主要是为了向百姓昭示伏羲氏的功德。

秦州存有最早的告文为明朝刘尚义《太昊庙告文》，刘尚义为1535年嘉靖年间的进士，曾任秦州州判。该文见《直隶秦州新志·艺文》，文曰：

嗟惟太古，时会洪荒。其风简略，文物未彰。如彼晦冥，昏朦元沤。羲皇特起，配天为王。聪明神圣，灵异靡常。爰衍八卦，始制文章。男女有别，化机乃扬。人极爰立，开我周行。

日月悬曜，光照无疆。往者绪绍，来者轨张。

慨我黎庶，是用是将。惟木有本，枝叶其昌。

进士 意为可以进授爵位之人。我国古代科举制度中通过最后一级朝廷考试的人，就叫作进士，是古代科举殿试及第者之称。唐朝时以进士和明经两科最为主要，后来诗赋成为进士科的主要考试内容。元、明、清时，贡士经殿试后，及第者皆赐出身，称进士。

伏羲庙里的伏羲塑像

于帝振迹，麟趾顾长。彼苍者天，可与类行。

惟台小子，迁于是方。永念遗德，肃将不忘。

陈彼腐亥，只荐于旁。明灵昭格，奕其来洋。

秦州伏羲庙祭祀之时，先出告文，向人们昭示伏羲功德，迎神之时，又要出榜文，主要是为了告慰伏羲氏的神灵，其比出告文更庄重严肃。所谓“迎神出榜，送神烧榜”专指送神时要将榜文烧在先天殿前的琉璃塔中，而后将灰送入藉河。

迎神是整个祭祀过程的主体议程之一，此刻，鼓乐齐鸣，载歌载舞。根据乾隆《直隶秦州新志·建置》记载，明代乐舞规模“有迎神、初献、亚献、终献、彻馔、送神之乐。乐器三十有六，乐生四十有四人，冠服一百四十有四。舞器百有三十，舞生六十有六人，冠服二百六十有四。”

并且，“召工制器，按八音以为乐，准八佾以为舞。盖琴、瑟、笙、镛之属必调；龠翟、冠、袍之属必绝致；制罔不合，度罔不中”。

同时，后人还会奏响《迎神曲》，保留下来的明代《迎神曲》有两章，一章为当时的陕西监察御史山西沁州人张鹏巡察秦州时所撰，一章为当时陕西秦安人胡缵宗所撰。

据刘雁翔的《伏羲庙志》中记载，明代秦州伏羲庙祭祀规格沿袭金元两代卦台山伏羲庙规格，以太牢祭祀，即用牛、羊、猪三牲。祭祀时陈设的祭器有登、刑、笾豆、簠、俎、爵、尊等，分别盛肉类、羹、瓜果、菜肴、黍、稷、稻、粱、酒等祭品，另设玉帛等物。存留下来的献供乐章为秦安人胡缵宗所撰，文曰：

监察御史 官名。隋开皇二年改检校御史为监察御史，始设。唐御史台分为三院，监察御史属察院，品秩不高而权限广。宋元明清因之。明清废御史台设都察院，通常弹劾与建言，设都御史、副都御史、监察御史。监察御史分道负责，因而分别冠以某某道地名。

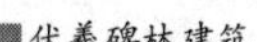

伏羲碑林建筑

祭文 文体名，是祭祀或祭典时表示哀悼或祷祝的文章，体裁有韵文和散文两种。内容主要为哀悼、祷祝、追念死者生前主要经历，颂扬他的品德业绩，寄托哀思，激励生者。同时，祭文也是为祭典死者而写的哀悼文章，是供祭祀时诵读的。它是由古时祝文演变而来，其辞有散文，有韵语，有俪语。

初献

牺牲既洁，俎豆载馨。
鼓琴鼓瑟，惟圣惟灵。
文敷八卦，道衍六经。
报功报德，惟格惟歆。

亚献

洁帛既陈，清酤复献。
惟祀雍容，维灵缱绻。
八卦初传，斯文式宪。
神其来临，歆此亚饭。

终献

律吕既翕，仪度复详。
在天上帝，在帝羲皇。
河图垂宪，龙马回翔。
惟神昭格，眷此帝乡。

■太昊伏羲陵一角

彻馔

神之来兮，见龙在田。

神之去兮，飞龙在天。

牺牲斯报，琴瑟斯宣。

神其眷注，鉴此衷虔。

伏羲塑像

恭读祭文是整个祭祀活动的中心活动之一，为了体现对先皇的崇敬，明廷礼部向秦州特别颁发《太昊伏羲庙祭文》作为官祭时的规范祭文，代表朝廷致祭。至此，秦州伏羲庙祭祀规格达到有史以来的最高规格，礼部所颁祭文曰：

维年月日，秦州某官某，钦奉上命，致祭于太昊伏羲氏：于维圣皇，继天立极。功在万世，道启百王。顾兹成纪之乡，实惟毓圣之地。爰承明命，建此新祠。用妥在天之灵，并慰斯灵之望。时惟仲春(秋)，祀事陈式。神之格思，永言无斁。

送神是祭祀活动的最后一项议程，“送神烧榜”即在此时。明代送神乐曲仍然由张鹏和胡缵宗分别撰写。

清代以后，废弃了明代祭礼，祭祀只用少牢，省去乐舞。祭祀费用也没有保障，多由秦州知州捐助。祭日也逐渐由一年两度改为一年一度，时间定在农历正月十六。1739年，正值乾隆皇帝当政，秦州知州李宏申报甘肃布政司，请求动用公款恢复明代祭祀，未得答复。

古代祭祀用的酒器

此后的祭银被列入州署财政预算，而祭祀不再由官府主办，转由秦州士绅组织的上元会主办。1827年正月十五日，伏羲庙创办灯会，成为祭典活动的一项重要内容。

晚清时期祭祀活动从正月十四日开始，城乡民众前往进香朝圣，同时上演庙戏。十五日出榜文；十六日正祭，正式举行典礼。

除此之外，位于我国河南淮阳北的太昊伏羲陵也被人们认为是中华民族的“人文始祖”之陵庙，在每年的农历二月二日至三月三日，都要在这里举办朝祖进香祭典。

祭典活动举行期间，也举行庙会，时间大约有一个月之久，不过最热闹的还是二月初十至二月二十的10天，二月十四至二月十六日的3天，可说是祭典的最高峰，逛庙会的人群摩肩接踵，万头攒动，每天可达20余万人。

伏羲陵庙祭祀是我国祭祀文化的典型代表，我国第一部诗歌总集《诗经·陈风》里就有描述。自明代朱元璋于洪武四年亲制祝文致祭以来，到清末的宣统皇帝，御祭达51次，成为伏羲祭祀文化中浓墨重彩的一笔。

阅读链接

古时候，伏羲在宛丘，也就是后来叫作淮阳的地方，教人打猎捕鱼过生活。后来，人多了，伏羲挑了一批会打猎捕鱼的人，叫他们去东西南北四方，到那里打猎捕鱼。大家问伏羲“咋能分辨东西？”伏羲说：“东方属木，西方属金。日头出东落西。”又有人问：“南和北怎么分？”伏羲说：“南热北冷。”从此以后，大家都明白了怎样辨别东西南北。

先贤英雄祭典

团结统一、爱好和平、勤劳勇敢、自强不息的伟大民族精神一直都深深根植于我国延绵数千年的优秀文化传统之中，是维系中华各族人民共同生活的精神纽带，也是一个民族的命脉所系。

不论是先秦儒家的仁道、忠恕、博爱的思想，还是关圣人待事以忠、待人以仁的民族精神和大义，还是宋代岳飞的精忠报国、遗风余烈的儒将风范，以及一代天骄成吉思汗的倔强不拔、勇猛无敌的精神，都是我们中华民族的历史文化积淀，也是构成中华民族精神的资产，值得世人铭记和代代相传！

缅怀圣人孔子的国之大典

青年孔子像

鲁襄公二十二年的八月二十七日申时，就是公元前551年，在鲁国的陬邑曲阜东南的孔纥家里，一个男婴降生了。

男婴因为生来头顶很凸，就像一个小山一样，又因其母亲曾经祈祷于尼山而得子，故取名为孔丘，字仲尼。他虽然从小家庭贫困，但他一直都勤奋好学。

曲阜是鲁国的国都，鲁国为西周初年周公的封地，由于这个原因，周天子给了鲁国高级别的待遇，西周朝许多典章文物都被周公带到了鲁国。西周末年，社会动荡，周王室的许多典章文物都散佚不见了，鲁国却保留了不少，因此人们说“周礼尽在鲁”。

孔丘从小就受到周礼的耳濡目染，他与小伙伴们嬉戏时，常把祭祀礼器摆放出来，练习礼仪。日复一日，他尽情地和小伙伴们玩着这种游戏。

■孔子学琴师襄图

孔丘长大后，身高九尺有六寸，因此乡人称其为“长人”。他勤奋好学，当时社会上要求士人必须精通“礼、乐、射、御、书、数”六大科目，他都努力去掌握。他进太庙时遇见什么问什么，表现了极其强烈的求知欲望。所以有了“子入太庙每事问”的典故。

孔丘时刻不忘随时随地研习周礼，通过不断地观摩钻研，使他对周礼越来越熟悉了，他的名气也越来越大了，就连鲁国国君也开始注意到他了。

孔丘17岁时，母亲颜徵在去世了。母亲离世后，他的生活更为艰难了。迫于生计，他选择了相礼助丧的职业，也叫丧祝，就是专门为贵族和富裕平民主持、操办丧事。

孔丘虽然严肃认真地从事着助丧相礼的职业，但他却不满足于只做传统的丧祝者，他希望把丧祝的礼仪发扬光大，使其成为一套社会规范的礼仪。他于是继续刻苦学习周礼，很快他渊博的学识和出众的才华，在丧祝活动中就得到越来越多人的承认和赏识，

鲁国 周朝的同姓诸侯国之一。姬姓，侯爵。周武王灭商后，建立周朝后，封其弟周公旦于少昊之墟曲阜，称为鲁公。鲁公之“公”并非爵位，而是诸侯在封国内的通称。鲁国先后传二十五世，经三十六位国君，历时800余年。鲁国的主体民族是华夏族和当地的夷族。

■孔子问礼老聃图

他的名气也越来越大了。于是，便有一些年轻人慕名而来求学于他，并尊称他为孔子。

孔子渊博的学识和出众的才华，得到越来越多人的承认和赏识，在鲁国执政的正卿季武子就派人前来请他，让他担任中都宰。

孔子恪尽职守，正直公正，工作卓有成效，得到了众人赞誉。与此同时，他一面做好本职工作，一面更加孜孜不倦地学习。他越学越感到不满足，越学越感到自己与古代文化结下了不解之缘。在此期间，曾点、颜路等青年先后拜孔子为师，做了孔子的学生。

随着孔子名声越来越大，前来拜孔子为师的人越来越多。他便在阙里的街西边筑起了杏坛，建成了我国历史上的第一所民间学堂。由此，开启了我国私人办学的先河。他提出了“有教无类”，强调所有的人都可以接受教育。

孔子的私人办学受到了上至达官贵族、下至平民百姓的普遍欢迎。孔门弟子最多时达到了3000多人，其中贤能者有72位。

当时正是“百家争鸣”时期，孔子的言论是百家争鸣中最有影响的。以孔子为代表以及他的弟子们崇

正卿 春秋时部分诸侯国的执政大臣兼军事最高指挥官，上卿兼执政卿于一身，权力仅次于国君。亦有部分诸侯因政体不同，未设正卿一职。由于正卿为要职，终身执掌一国之命脉，权臣代替国君发号施令，容易造成君权下移于卿大夫之手，后被废除。

尚“礼乐”和“仁义”、提倡“忠恕”和“中庸”之道、主张“德治”和“仁政”、重视伦常关系，成为当时一个最重要的学术流派。

因为孔子曾经从事过丧祝，他的学问也是从丧祝发展而来的，而从事丧祝的人需要身着特制的礼服，头戴特制的礼帽，当时称之为“襦服”。“襦”与“儒”字同音，人们便逐渐直接称“丧祝”为“儒”了。于是，人们就把孔子创立的学派也就称为“儒家”学派了。

孔子曾经带领弟子周游列国，晚年他返回鲁国后，鲁国给予了他很高的待遇，并尊他为国老。他晚年专心从事古代文献整理与传播工作，致力于教育。

孔子系统地编写了《易传》。他还把相当一部分的精力放在了编订其他儒家经典著作上，儒家的六部经典著作“六经”都是在这个时期编订的。“六经”包括《诗经》《尚书》《仪礼》《乐经》《周易》

百家争鸣 指春秋战国时期知识分子中不同学派的涌现及各流派争芳斗艳的局面。据记载，当时数得上名字的学派一共有189家。但影响较大、最为著名的不过几十家而已，归纳而言只有10多家被发展成为了学派。其中以孔子、老子、墨子为代表的三大学派最有影响，形成了诸子百家争鸣的繁荣局面。

孔子讲学图

《仪礼》 儒家十三经之一，内容记载着周代的冠、婚、丧、祭、乡、射、朝、聘等各种礼仪，其中以记载士大夫的礼仪为主。秦代以前篇目不详，汉代初期高堂生传仪礼17篇。另有古文仪礼56篇，但已经散佚。

《春秋》。

同时，孔子又借鉴、吸收了老子的某些思想，形成了自己的思想价值观，就这样，早期儒家的思想体系终于诞生了。

孔子的弟子都非常尊敬他，他们把孔子的思想进行了广泛传播，在当时产生了很大影响。后来，孔子主要弟子及其再传弟子把孔子的言行记录并整理成了一部书，内容包括孔子谈话、孔子答弟子问、弟子之间的相互讨论以及弟子对孔子的回忆等，并取名叫《论语》，意思是语言的论纂。

这部书集中体现了孔子的政治主张、论理思想、道德观念及教育原则等。全书共20篇，每篇由若干段文字组成，多数段落是以“子曰”开头的孔子语录，少数段落略有记事和对话。

孔子毕生的倡导和历代儒家的发展，使我国儒家

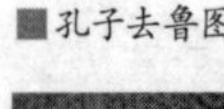
■孔子去鲁图

孔子退修琴书图

学说成为中华文化的主流，作为我国人民的指导思想逾2000余年。孔子思想体系的核心是德治主义，他执著地倡导德化社会与德化人生。德化社会的最高标准是“礼”，德化人生的最高价值是“仁”。

在孔子死后的第二年，也就是公元前478年，鲁哀公下令在曲阜阙里孔子旧宅立庙，将孔子生前所居房屋三间改作寿堂，陈列孔子生前使用的衣、冠、琴、车、书等，并按岁时祭祀，以此开启了祭祀孔子的先河。

祭祀孔子的典礼，称为“奠礼”。释、奠都有陈设、呈献的意思，指的是在祭典中，陈设音乐、舞蹈，并且呈献牲、酒等祭品，对孔子表示崇敬之意。最初祭孔每年只有秋季一次，后增为春秋二次。

后来，人们又在农历八月二十七日孔子诞辰这天举行大祭。这一天的祭孔仪式隆重，在私塾念书和在学堂里学习的学生也要放假一至三天，以示敬重。参加祭孔的人员，最初只限于孔氏直系子孙。

祭孔被当作国家的大典后，“家祭”仍照常进行。国祭多由皇帝专门指定的大臣、地方官或皇帝自己亲至阙里孔庙致祭。

祭孔大典

公元前195年，汉高祖刘邦“自淮南过鲁，以太牢祀孔子”，同时封孔子九代孙孔腾为“奉祀君”，负责有关祭祀孔子的事项。

此时，释奠几乎成了祭孔的专名，在此之前的周代比较多，有先圣、先师、先老、行者之先等，但是随着历史的发展，释奠对象逐渐只剩下先圣和先师了，因此后世释奠礼的对象固定为作为至圣先师的孔子、孔门弟子及其历代有重大成就的儒门圣贤和儒学家。

东汉明帝时，诏命祀先师孔子和先圣周公。据《阙里志》记载：

> 灵帝建宁二年，祀孔子，依社稷。

也就是说，孔子享受和社稷神同样的祭祀规格。魏晋南北朝期间，有时又以孔子为先圣，以颜回为先师奉祀。拜孔祭殿之礼更多是在国家太学举行，往往是国子监祭酒负责典礼。

445年，南朝皇太子释奠孔子用乐奏登歌，此为释奠孔子用乐的开始。从隋文帝仁寿元年起，祭孔乐舞规定为孔子释奠专用。

祭孔乐舞是孔庙祭祀大典的专用乐舞，以乐、歌、舞配合于礼制，是孔庙释奠礼的重要组成部分，但是这种乐舞仅限于如“国祭”和“丁祭”，也就是在春夏秋冬四季仲月即农历二、五、八、十一月的上丁日等重大的祭孔大典时才可以使用。

在我国古代，祭孔乐舞所用音乐的曲谱、宫调和舞蹈的舞谱图示均由皇帝审定钦颁，其他任何人不得擅自更改。然而，自古礼不相沿、乐不相袭，大凡改朝换代，必有制礼作乐。因此，历代制定的祭孔乐舞均有所不同。

东魏孝静帝兴和元年，兖州刺史李珽修建孔子及十弟子塑像，立碑于庙廷。

到了唐高祖李渊时期，曾于619年在国子学中立孔子庙和周公庙，亲往释奠，从此以后这项祭祀活动

颜回（前521—前481年），字子渊，春秋时期鲁国人。颜回14岁即拜孔子为师，此后终生师事之。在孔门诸弟子中，孔子对颜回称赞最多。历代文人学士对颜回也无不推尊有加，自汉高帝以颜回配享孔子、祀以太牢，三国魏正始年间将此举定为制度以来，历代君王无不尊奉颜子，封赠有加。

■ 祭孔大典情景模拟表演

就多由皇帝和皇太子亲自祭典了。

唐太宗以孔子为先圣，以颜回为先师，并昭尊孔子为宣父，在曲阜作孔庙，贞观年间，由皇太子释奠，并作初献，以国子祭酒为亚献，以兖州刺史为终献，以22位儒家学者配享。

刺史 我国古代官职之一。汉初，文帝以御史多失职，命丞相另派人员出刺各地，不常置。刺史主要负责巡行郡县，分全国为十三部，各置部刺史一人，后通称刺史。刺史制度在西汉中后期得到进一步发展，对维护皇权，澄清吏治，促使昭宣中兴局面的形成起着积极的作用。

626年，唐高祖皇帝命太常寺祖孝孙、协律郎窦琎等人取“大乐与天地同和”之意制作“大唐雅乐”十二章，又称“十二和”。包括了全部御用乐舞，祭孔乐舞属于十二和的组成部分。

贞观年间，协律郎张文收奉诏与起居郎吕才再行考证律吕，规定祭孔释奠用“登歌”、奠币乐奏《肃和》、入豆和彻豆，乐奏《雍和》，舞蹈则有文舞和武舞。

后来到唐玄宗开元年间，增“十二和”为“十五和”。在《全唐诗》中记述的关于释奠文宣王乐章

■祭孔大典表演

孔子说教图

有七章，分别是《诚和》《承和》《肃和》《雍和》《舒和》《迎神》和《送神》。

唐玄宗在位的720年，初定十哲配祀孔子庙，在先圣庙树立孔子、颜回等十哲雕塑坐像，并在墙壁绘上70位孔门弟子和22位贤人的画像。在东京洛阳，西京长安，用太牢牺牲，一起举行祭祀，音乐规格为宫悬，舞为六佾。而这一切，都已经是仅次于天子的规格了。

五代后汉时，废除唐开元年间新增的三章，改“十二和”为“十二成”，释奠时改《宣和》为《师雅》。后周时改“十二成”为“十二顺”，释奠时去《师雅》而乐奏《礼顺》。

宋代是孔氏受朝廷恩宠较为兴盛的时期，宋太祖建隆元年，亲谒孔子庙，诏增修祠宇，绘先圣先贤先儒像，同时命太常寺、翰林院学士窦俨等人制作祭祀乐舞，改“十二顺”为“十二安”。祭祀文宣王用《永安》之乐。皇帝亲祀时，乐用“宫悬”，在当时，乐置四面，中间设舞为“宫悬”，释奠用永安之乐。

962年，诏祭孔子庙，用一品礼，立十六戟于庙门。之后宋仁宗皇

■祭孔舞蹈

帝诏宰臣吕夷简等人修订祭孔乐舞，以《凝安》取代《永安》。祭孔时，升殿与降阶乐奏《同安》；奠币乐奏《明安》；酌献乐奏《成安》；饮福乐奏《馁安》；送神乐奏《凝安》。

到了宋徽宗时期的1105年，专门设置了“大成乐府”，主持制定祭孔乐舞。三年之后，宋真宗在1008年赐孔子庙经史，又赐太宗御制御书一百五十卷藏于庙中书楼。二年春二月，诏立孔子庙学舍。

三月颁孔子庙桓圭一，加冕九旒，服九章，从上公制。夏五月诏追封孔子弟子，秋七月加左丘明等19人封爵。

1010年又颁释奠仪注及祭器图，建庙学，颁降曲阜孔庙释奠乐章，其中增加了升阶和奠币两个乐章。

金世宗在1174年定金乐为“太和之乐”，每首乐章以“宁”字命名，如释奠迎神乐奏《来宁》、盥洗乐奏《静宁》、奠币与初献乐奏《和宁》等。

从元到清，孔庙神灵的设置，都基本沿袭宋朝确定的格局。明初，朱元璋尊孔循礼，规定每年仲春和仲秋的第一个丁日，皇帝降香，遣官祀于国学。以丞相初献，翰林学士亚献，国子祭酒终献。

在此期间，元乐共有19篇诗歌，七章曲谱，演奏三十四成，变换六七个宫调。乐章以“明”字命

翰林学士 我国古代官职之一，学士始设于南北朝，唐初常以名儒学士起草诏令而无名号。唐玄宗时，翰林学士成为皇帝心腹，常常能升为宰相。北宋翰林学士承唐制，仍掌制诰。此后地位渐低，然相沿至明清，拜相者一般皆为翰林学士之职。清以翰林掌院学士为翰林院长官，无单称翰林学士官。

名，如迎神乐奏《文明》、盥洗乐奏《昭明》、升殿与降阶乐奏《景明》、奠币乐奏《德明》、酌献乐奏《诚明》、亚、终献乐奏《灵明》、送神乐奏《庆明》，但是“乐悬”仍保持“登歌”的形式。

直到368年明太祖朱元璋命乐律官更制乐谱，乐章复以“和”定名，不久之后便向曲阜及全国颁发“大成乐”专祀孔子。后世的明宪宗增祭孔乐舞为“八佾”，加“笾”“豆”为十二，以皇帝用乐和祭祀天神礼仪的规格祭祀孔子。

明世宗时又复“乐用轩悬，舞用六佾”。明乐将元乐十九篇综合为六章六奏，并继承了唐以来乐、歌、舞三位一体的综合艺术形式，使祭孔乐舞趋向于完善和精炼。

在清代初期，盛京即建有孔庙。定都北京后，顺治皇帝就曾在弘德殿祭先师孔子。在京师国子监立文庙，庙内有大成殿，专门用来每年举行祀孔大典。文庙中还有启圣祠，燎炉、瘗坎、神库、神厨、宰牲亭、井亭等设施。

孔子庙

■祭孔大典表演

时间流转，到了1667年，清康熙皇帝再作“中和韶乐”，取“天下太平”之意，乐章均以“平”字来命名，颁至国学为释奠孔子之用。

迎神乐奏《昭平》、初献乐奏《宁平》、亚献乐奏《安平》、终献乐奏《景平》、彻馔乐奏《咸平》乐章。送神和望瘗时，更换歌词，再复奏《咸平》之曲，全乐为五曲七奏。

乾隆皇帝即位之后，于1743年颁给全国各郡县及阙里孔庙“四时旋宫”之乐，对康熙时的乐名有所改动，全曲更为六章八奏，后世基本沿袭了这一乐舞程序。

同时，朝廷追封孔子为“大成至圣文宣先师”，其祀礼规格又上升为上祀，奠帛、读祝文、三献、行三跪九拜大礼等，俨然与天、地、社稷和太庙的规格平起平坐了，整个清朝仅乾隆皇帝一人就先后八次亲临曲阜拜谒孔子，祭祀规模则更是隆重盛大，达到了顶峰。

这个时期的释奠礼作为一种祭祀礼仪，继续保持着祭祀礼仪的基本程序结构，也就是斋戒、陈设、降神、三献、辞神等仪式。

释奠礼不设尸位，而且，即便是较早的释奠礼也不设尸位。因为先师的思想和意图在一个传统的精

乐舞 原始时期的音乐和舞蹈是紧密结合在一起的。这些乐舞与先民们的狩猎、畜牧、耕种、战争等多方面的生活有关。唐乐舞气势磅礴，场面壮观，集诗、词、歌，赋于吹奏弹唱，融钟、鼓、琴、瑟于轻歌曼舞。乐曲高亢悠扬，动作舒展流畅，服饰华丽多姿，堪称历代歌舞之最。

神生活中具有高度的重要性和敏感性，没有人能够代表先师受祭，任何代表机制，即便是祭祀中礼仪性的代表机制，都可能存在扰乱教义的风险。

释奠礼是国家最高等级的礼仪，并严格按着既定的规格和程序进行。这一点可以从正坛的“笾豆各十”，以及“成化十二年、增乐舞为八佾、笾豆各十二”看出。祭祀时的笾豆数，乐舞为多少佾，以及与祭者的身份，是表明祭祀规格的指标。笾豆十二和八佾，这是最高等级的规格。

祝文中所谓“皇帝遣具官某、致祭于大成至圣文宣王”，即它是皇帝委派某官来祭祀，同时，也是最广泛的公共祭祀。各地的孔庙和学校均可以举行释奠礼。由于释奠礼是公祀，祭祀规模较大，所以，礼仪程序中，须有以通赞唱引等有组织的、统一的方式进行，方能组

■祭孔仪式

大成殿祭孔场景

织和协调众多参祭者的施礼行为。

古代释奠礼，祝文基本是固定的，仅将岁月干支依时变更。《大唐开元礼》等历代礼书都有明确的范文，均沿用古来惯例，参考历代祭文，撰定蓝本以推行开来。一般的格式如：

> 维某年岁次某甲子某月朔某日某衙门某官某等，敢昭告于至圣先师孔子。惟师德配天地，道冠古今，删述六经，垂宪万世，兹惟仲（春秋）谨以牲帛醴齐，粢盛庶品式陈，明荐以复圣颜子、宗圣曾子、述圣子思子、亚圣孟子配享。

在释奠礼过程中要有乐舞，一般情况下，普通祭祀礼仪可以省略乐舞，但乐舞在祭祀孔子的释奠礼中有发扬礼乐精神的特殊涵义，所以，在较为隆重的祭祀场合，都要安排乐舞。

祝文是释奠礼十分重要的一部分，不同于普通祭祀中，祝词表达对祭祀对象的礼敬。释奠礼具有通过释奠所选择和尊重的先师来表明对儒教传统的认同、继承和发扬，从而表明国家遵循儒教传统的制度性的肯定。

望燎 也称望祭与燎祭。指在祭祀中，按大祭礼制规定，每次大祭要焚烧纸1万张、金银箔1万锭。烧祭时主家人要站在月台西南角的“望燎位”上观看，以尽孝道。这种仪式叫“望燎”，是祭祀最后一道程序。

要完成将祭祀孔子落实为宣示奉行儒教的礼义，必须经过祝文的阐发，才能获得实现。在这个意义上说，释奠礼具有特殊的政治性和宗教性。

释奠礼中有讲经的传统。在举行释奠礼之前或之后，讲儒教六经或十三经中的某一经或某一经中的某一章，是古代释奠礼的传统，目的为了传扬经典。

释奠礼中最重要议程是三献礼，主祭人要先正衣冠、洗手后才能到孔子香案前上香鞠躬，鞠躬作揖时男性要左手在前右手在后，女性要右手在前左手在后。所谓三献，分初献、亚献和终献。

初献帛爵，帛是黄色的丝绸，爵指仿古的酒杯，由正献官将帛爵供奉到香案后，主祭人宣读并供奉祭文，而后全体参祭人员对孔子像五鞠躬，之后，大家再齐诵《孔子赞》。

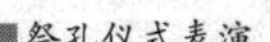
祭孔仪式表演

亚献和终献都是献香献酒，分别由亚献官和终献官将香和酒供奉在香案上，程序和初献相当。

紧接着饮福受胙、彻馔、送神、望燎、击柷作乐，捧柷帛者过讫。最后司祝者捧祝文，司帛者捧帛诣燎所，将祝文及帛烧掉，礼毕。

总之，《祭孔大典》是集乐、歌、舞、礼为一体的庙堂祭祀乐舞，

祭孔鞠躬仪式

有“闻乐知德，观舞澄心，识礼明仁，礼正乐垂，中和位育”之谓，自古以来就具有巨大的文化价值和艺术价值。

整个大典主要包括乐、歌、舞、礼四种形式，乐、歌、舞都是紧紧围绕礼仪而进行的，所有礼仪要求“必丰、必洁、必诚、必敬”。

大典用音乐、舞蹈等集中表现了儒家思想文化，体现了艺术形式与政治内容的高度统一，形象地阐释了孔子学说中“礼”的涵义，表达了“仁者爱人”、“以礼立人”的思想，具有较强的思想亲和力、精神凝聚力和艺术感染力，对于弘扬优秀传统文化、营造和乐氛围、构建和谐社会、凝聚民族精神具有不可替代的社会作用。

阅读链接

孔子在学习方面是很虚心的，尤为刻苦。

有一次，孔子随师襄子学鼓琴，曲名是《文王操》。孔子苦苦练了很多日子，师襄子说“可以了”，孔子说：“我已经掌握了这个曲子的弹法，但未得其数”。又练了很多日子，师襄子又说“可以了，你已得其数。”可是孔子仍说“不可以，未得其志”。又过了相当的时间，师襄子认为这回真的可以了，可是孔子仍然认为自己没有弹好这首乐曲子，于是，反复地钻研，体会琴曲的内涵直到他看到文王的形象在乐曲中表现出来了，才罢休。孔子精益求精的精神深深地感动了师襄子，用实践证明了“学而不厌，诲人不倦”的道理。

弘扬关公道德人格的祭典

在东汉末年，蜀汉名将关羽进攻樊城，水淹魏将于禁七军获胜，军威大振。曹操曾经商议迁都以避其锋芒。十月，江东大将吕蒙乘关羽与樊城守将曹仁对峙之时偷袭荆州，攻占了关羽的大本营江陵。关羽两面受敌，急忙从樊城撤兵西还，驻扎在麦城。

关羽画像

吕蒙采取分化瓦解的策略，使关羽的将士无心恋战，逐渐离散。关羽孤立无援，坚守麦城。孙权派人诱降关羽，关羽伪称投降，在城头立幡旗，自己却假装军士逃走了，只有十多骑跟随。

■关公塑像

孙权派朱然、潘璋断了关羽的退路，在临沮抓获关羽和其子关平，随即将其处死。

孙权将关羽首级送给曹操，曹操以诸侯之礼将其安葬于洛阳，同时孙权则将关羽身躯以诸侯之礼安葬于当阳，并修建了关陵，称当阳大王冢。蜀汉在成都为关羽建衣冠冢，即为成都关羽墓，以招魂祭祀，因此民间也称关羽“头枕洛阳，身卧当阳，魂归故里”。

公元260年农历九月，蜀汉后主刘禅在追谥几位重要大臣时，追谥关羽为“壮缪侯”。

关羽以忠贞、守义、勇猛和武艺高强称著于世，历代封建王朝都需要这样的人物典型来作为维护其统治的守护神，因而无比地夸张、渲染其忠、义、勇、武的品格操守，希望有更多的文臣武将能像关羽那样尽忠义于君王，献勇武于社稷。

同时，集忠孝节义于一身的关羽在人们心目中的地位也在随着时间的流逝而日益提高，他勇猛、讲义气、忠贞不渝的形象已经是不可改变的了，这是因为他早已具备了被神化的条件。

西晋时期陈寿所著的记载我国三国时期历史的断代史《三国志》中，关羽、张飞曾被魏、吴双方称为

招魂 我国的一种风俗仪式，据说客死在他乡的魂魄，找不到归途，这个魂魄就会像他的尸体一样停留在异乡，受着无穷无尽的凄苦。除非他的家人替他“招魂”，使他听到那企望着他的声音，他才能够循着声音归来。死者的尸体安排就绪之后，就要举行招魂仪式。

“万人之敌”、“熊虎之将”，已经是一流美誉。

尤其是“威震华夏”一语，为我国历代著史者仅有之颂词，尤其使后人心仪。故魏晋南北朝之武将，莫不以关羽和张飞二人自励。

关羽既能够冲锋陷阵摧敌，又能够“守经从权”，委曲求全，随即千里投刘。既能节制一方，忠心卫疆，执行“北伐中原”的战略意图，又能够舍生取义，从容就死，所以一直都被后人奉为“忠义仁勇”的典范。

关羽擒将图

南北朝时期的567年，当阳县玉泉山首建关公庙，开启了对关公的信仰和祭祀。这不仅是封建统治阶级对关公褒扬的产物，更是百姓精神生活的需要。统治阶级从封建道德的角度大肆宣扬关公的忠孝节义，使关公信仰在不太长的历史时间里蓬勃发展，主要表现在庙宇增多，达数十万座，关公的封号也不断增多。

隋朝时出现了大量的有关关公的神仙故事，到了唐朝，各地都有关公庙，文人墨客诗文或碑帖中常提及关公，并开始出现在家庭中悬挂关公神像的现象。

674年，唐高宗李治敕封孔子为文宣王，姜子牙为武成王。安史之乱以后，为了激励武将士气，唐德宗接受颜真卿的建议，

■关羽和张飞画像

于782年礼仪使颜真卿奏请武成王配祀增加关羽等，共64人。但不久以后的786年又有丞相建议，姜尚祠庙只留张良陪祀，撤出其他将领。

后来，随着佛道两教争相神化关羽，儒家尤其是理学出于“神道设教”的政治设计，也开创出一整套国家体制下的儒家祠庙祭祀制度，并且开始用儒学系统阐释关羽精神。

他们以关羽“兴复汉室”作为“《春秋》大一统”理念的标志，以“尊刘贬曹”为“正统史观”的泾渭，以“宁死不屈”作为“忠节相尚”的象征。随着理学逐渐上升为国家意识形态，关羽形象也愈加完美了。

宋朝开国时重订祀典，赵匡胤提出“取功业始终无瑕者”的完美标准，将关羽、张飞等22将黜出庙堂。但在范仲淹庆历新政时，为了振奋军心士气，就恢复了原来的配祀。

宋徽宗在崇宁元年封关羽为忠惠公，1108年进封武安王，1123年敕封“义勇武安王，从祀武王庙”，已较其他诸将侯伯之爵优渥。同时，从宋王朝起，官方开始祭祀关公。

随着金兵南下，关羽作为鼓励将士英勇奋战的榜样力量受到重视，南宋朝廷一再为关羽加封徽号，直

《春秋》 儒家的经书，记载了前722年到前481年的历史，也是我国最早的一部编年体史书。《春秋》一书的史料价值很高，但不完备。在我国上古时期，春季和秋季是诸侯朝聘王室的时节，因此“春秋”是史书的统称。

到1188年在当阳特封“壮缪义勇武安英济王”，这是宋代对于历代功臣烈士的最高封爵，也是以关羽为祈雨神祇的最初记载。

金、元承袭了宋代义勇武安王的封号，径直称为“关大王”，1329年元文宗孛儿只斤·图帖睦尔“加封汉关羽为显灵威勇武安英济王，遣使祀其庙”。

明初朱元璋命将关羽祠庙重新恢复“寿亭侯祠”。1394年，朱元璋下令建庙于南京鸡鸣山，列入祀典，嘉靖年间恢复关羽“义勇武安王”爵号。

万历年间，潘季驯治漕河，封高家堰关庙主神为“协天护国忠义大帝”，此为封关羽帝号之始。从此大运河沿途竞相建立关庙，以祈保人流物转之平安，这也是后世关羽司职财神重要缘由之一。

1595年，明神宗朱翊钧敕解州关庙神主称帝，

敕封 指皇帝颁诏书封赐臣僚爵号，明、清对文武官员及其先代妻室赠予爵位名号时，皇帝诏命有诰命与敕命之分，五品以上授诰命，称诰封；六品以下授敕命，称敕封。诰命与敕命形如画卷，轴端一品用玉，二品用犀，三品与四品用裹金，五品以下则用角。

■关公庙的关公塑像

1614年敕封天下关庙之神为“三界伏魔大帝神威远镇天尊关圣帝君”，此为天下关庙都可以称为帝的开始，自此关羽成为无上尊神。

到了明末清初，满清政权已经开始崇敬关公。努尔哈赤建立后金政权的前一年，也就是在1615年的时候，就在赫图阿拉城内城南门修建关帝庙，是后金国初七大庙之一。1643年清太宗爱新觉罗·皇太极以沈阳为京城，即敕建关庙，赐额“义高千古”。

1725年，清朝世宗雍正皇帝颁诏比隆孔子仪典：

> 追封关帝三代俱为公爵，牌位止书追封爵号，不著名氏。于京师白马关帝庙后殿供奉，遣官告祭。其山西解州、河南洛阳县冢庙，并各省府州县择庙宇之大者，置主供奉后殿，春秋两次致祭。

这是关羽列入符合儒家规范之国家祭祀主神，护国佑民的开始。

■关公庙

厅堂内的关羽像

1776年，雍正皇帝再次颁诏：

所有《（三国）志》内关帝之谥，应改为“忠义”。

1854年，颁诏更定关庙祭礼，与祭祀孔子规格全然相同。又自清代顺治开始，历代皇帝对于关公屡有崇封，光绪时达到22字：

忠义神武灵佑仁勇威显护国佑民精诚绥靖翊赞宣德关圣大帝。

为历朝人臣之最。此外，清廷坤宁宫还特别保留有满洲原始信仰“堂子祭”，朝祀释迦牟尼佛、观世音菩萨、关圣帝君等。

每年正月初二回神，每月初一，四月初八佛诞日，三、九月马祭、四季献神及萨满特有的杀猪供祭卜吉，求佛柳祭等场合，均有对“三军之帅关圣帝君”的祷告奉献，非常虔敬，这个风习在有清一代

关羽壁画

宫廷里贯穿始终，就是在满族民间家祭所供的三个神位中，也有关公，可见祟祀之盛。

山西运城作为关羽的家乡，祭祀活动则更加盛大，对于关公的祭祀，官方的祭祀大约始于北宋徽宗宣和年间。在此之前，真宗大中祥符年间虽有“关公解池斩妖”的神话传说，史籍里也有真宗皇帝派官员到当阳玉泉寺祭祀关公的记载，但没有形成定制，祭祀也不规范。

朱元璋之后将关公由“从祀”升级到“专祀”，祀典也日益隆重。《关帝志·祀典》称：

明嘉靖年间(1522年—1566年)，定京师祀典，每年五月十三日遇关公生辰，用牛一、羊一、猪一、果品五、帛一，遣太常官行礼。四孟及岁暮，遣官祭，国有大事则告。凡祭，先期题请遣官行礼。

另据《明史·志二十六·礼四》记载：

以四孟岁暮，应天府官祭，五月十三日，环路南京太常寺祭。

由此可知，明代的京师北京和应天府南京每年的四季之初、岁暮除夕和五月十三日，皇帝都要派遣专司礼仪的太常寺官员前往解州关帝庙祭祀关帝。

同时，拜祭的礼品亦有严格定数，不得违犯规制。凡国有大事和朝廷有重要活动，都要派官员到解州关帝庙向关帝报告。

明王朝将农历五月十三日定为关公的生辰，运城民间又有五月十三日为“关老爷磨刀日”的说法，两者有无联系，一直都没有定论。运城的解州关帝庙的祭祀由州守主持，以每年的农历四月八日、九月十三日为祀期。

除夕 指农历每年末最后一天的晚上，即大年初一前夜，是我国传统节日中最重要的节日之一。年的最后一天叫“岁除”，那天晚上叫“除夕”。除夕人们往往通宵不眠，叫守岁。除夕这一天，家里家外不但要打扫得干干净净，还要贴门神、贴春联、贴年画、挂灯笼。

解州关帝庙祭祀与京师国家祭祀相比，属于“小祀”，故不用牛。至万历年间，巡抚吕坤酌定祭祀关帝的礼品为：鹿一、兔一、羊猪各一、藁鱼豚肉四色、米饼、糁、糗、米粉、粢、榛、栗、菱、芡、果蔬、芹、笋、酒、盐、香、帛、烛炬、松膏等。

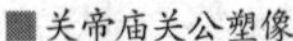

关帝庙关公塑像

祭祀时要宣读《祝文》，用于正殿的祝文是：

惟帝忠义贯日，英烈盖世。志复汉基，百代崇祀。惟兹解州，关帝故里。今当仲春秋，谨以牲帛粢醴，式陈明事。

用于崇宁殿的祝文是：

惟神葆真涵光，孕秀毓醇。发祥应运，圣嗣笃生。正直不迴，咸灵烜赫。天壤同朽，金石靡泐。有开必先，畴其启左。丕显丕承，神功斯懋。余忝守土，肃守时禋。晋南胯盉，如格如歆。

进入清代，官方祭祀解州关帝庙的规模进一步扩大，规格也更加提高。清世宗雍正年间，京师增加春秋二祭，变原来的一年一大祭为三大祭。越一年，由太常寺奏定，朝廷颁布祀仪如"中祀"制。

五月十三日祭祀用牛、羊、猪各一头，果五盘、帛一匹。春秋二

山西解州关帝庙

民间祭祀关公

季的祀礼同文庙一样，牛、羊、猪各一头，豆类十种，帛一匹。规定“前殿大臣承祭，后殿以太常长官承祭”。解州关帝庙的祭祀仍由州守主祭。1744年正月，清高宗弘历主持拟定解州关帝庙正殿和崇宁殿的祝文，正殿的祝文：

惟帝浩气凌霄，丹心贯日。扶正统而彰信义，威震九州；完大节以笃忠贞，名高三国。神明如在，遍祠宇于寰区；灵应丕昭，荐馨香于历代。屡征异迹，显佑群生。恭值嘉辰，遵行祀典。筵陈笾豆，凡奠牲醪。

崇宁殿的祝文：

惟公世泽贻庥，灵源积庆。德能昌后，笃生神武之英；善则归亲，宜享尊崇之报。列上公之封爵，锡命犹隆；合三世以肇禋，典章明备。恭逢诹吉，祗事荐馨。

关帝庙的关公塑像

清代后期，祭祀关帝的典礼达到极盛。1853年咸丰皇帝将关帝正式列为“中祀”，祭关要“行礼三跪九叩，乐六奏，舞八佾，如帝王庙仪”。解州每年的农历四月初八关公庙会即是集祭祀关帝、商贸活动、物资交流、文化娱乐为一体的群众集会，其影响波及周边的陕西、河南等省。

民间祭祀关公的活动是随着统治者的倡导而逐渐地兴盛起来的，大致与官方的祭祀始于同一时期。据清嘉庆版《关帝圣迹图志全集》记载：

> 每岁四月八日传帝于是日受封，远近男女，皆刲击羊豕，伐鼓啸旗，徘优巫现，舞燕娱悦。秦、晋、燕、齐、汴、卫之人肩毂击，相与试枪棒、校拳勇，倾动半天下。

这段简短的文字，不仅记述了民间祭祀关帝的时间、所献礼品而且还实录了开展祭祀活动的地域及祭祀形式。在传为关公受封的这天，男女乡民杀羊宰猪，击鼓吹箫，载歌载舞，前往关庙祭拜。

各种戏剧艺人和专替人祈祷的巫师亦在关庙内演出祷告。会武术的教师相互比试枪棒练习拳勇，争相献技。参加祭祀活动的人很多，以至肩摩毂击。而且这种活动遍及山西、陕西、河北、河南、山东等地，几乎占了大半个国家。

运城为关公的生养之地，民间祭祀关帝活动比之全国各地更甚，明崇祯年间，解州民间每年祭祀关帝的活动多达四次。

在这四个时间里，乡民们都要前往解州关帝庙和常平村关圣家庙举行盛大的祭祀活动。

运城民间祭祀关帝的活动有两种形式，一种是以一村、一社或者一族同姓者为单位前往关庙祭拜，祭品或村社购买，或摊派制作。祭典由村长、社首、族长主持，锣鼓仪仗均经专门训练，敲打套数，排列秩序亦有讲究。献演的戏剧有的聘请专业班社，有的是本村社的“家戏”登台。

另一种是一家一户祭拜，由家长主持，所献祭品薄厚不一，量力而行，贵在诚心。这种“私祭”形式自由宽泛，可以前往关庙献祭，也可以在自家正屋神位悬挂关帝画像，焚表上香，顶礼膜拜，祈求关帝保佑，福寿安康。

寺庙中的关羽塑像

庙会也是祭祀关帝的一种形式，它是由官祭演化而来。“游关庙、拜关公、赶庙会”是河东大地一项历史悠久的民俗文化活动。农历四月初八，是关帝受封之日，也是解州镇古庙会关帝庙举办“关帝巡城”活动之日。当日上午，十里八村的乡亲早早赶到关帝庙

民间祭祀关公

观看由数百人表演的“关帝巡城”迎神仪式。

巡城活动在隆隆的礼炮声中拉开帷幕，“请神”仪式就在关帝庙内正殿前举行。经过迎神、进俎、上香、荐酒、恭读请神文、望燎等过程，在锣鼓、唢呐、高台、花鼓等节目表演之后，令旗、标旗、关旗开道，銮驾、香盘，“八抬”、“抬阁”随同陪驾下，由八名壮汉同抬一顶大轿，里面安坐着关圣帝君塑像。

一支浩浩荡荡关帝巡城队伍由关帝庙出发，途经西门口、城隍庙路口、十八亩路口绕城一周然后返回。关帝圣像所经之处，街道两旁的人们纷纷在门口摆上香烛、水果、关帝塑像等，鸣放鞭炮，共同祈福，热闹非凡。

整个街道上人山人海，家家摆放贡品，户户焚香迎神，虔诚至致。人们以“愿关老爷的神灵佑护你我众生，身体健康，万事如意”等吉语迎送关羽塑像，同时人们还进行各种经济、文化交流活动。

在各种民间祭祀活动中，还有以“领羊”来祭祀关公的。“领羊”就是牵着羊祭祀关公，祈求平安吉祥。

首先选一只羊，羊头及全身以红绿绸布结花，由鼓乐师吹奏导引，主祭人手捧香火，众祭人“领羊”紧随，到“关圣帝君”前行叩拜礼，然后主祭人焚香献酒，再斟酒敬羊。

由于关羽不仅受到儒家的崇祀，同时又受到道家、佛家的膜拜，所以关羽是横贯儒、道、佛三大教派的神祇。但其中以儒家关羽体现了更多关羽的本色，随着关羽地位变得显赫，关羽更被尊称为“武王”、“武圣人”，与孔子并肩而立。

同时，关公待事以忠，待人以仁，以义取利，这种精神已然成为民族精神和大义，关公这种精神作为我国的传统文化，特别是儒家文化的组成部分，也是伦理型文化，伦理道德是其核心内容。

千百年来，人们崇拜关公，本质上是崇拜关公高尚的道德人格。关公对国以忠，待人以义，处世以仁，作战以勇的精神，体现了中华民族的传统美德。

阅读链接

宋徽宗年间，在解州发生了一场灾害，盐湖连续8年没有出过一粒盐！根据上古传说，蚩尤与黄帝大战战败后，他倒地化为盐池，后来盐池不出盐，人们认为是蚩尤在作怪。

由于解州盐池收入占当时朝廷总税收的六分之一，这让宋徽宗很是担心，就请龙虎山的天师道掌门人张天师前来作法除妖。尽管张天师用尽浑身解数，也不见任何效果。

于是，宋徽宗想到了关羽，便设坛请关公下凡帮助战胜蚩尤。果然，关羽下凡之后，盐池就重新出盐了。关羽的威名不胫而走，在人们心中的名望也陡然大增，祭拜他的人也更多、更虔诚了。

表达英雄敬仰的岳王祭祀

岳飞画像

那是北宋年间，北方的游牧民族建立了一个王朝，称为金国。金国不断闯到宋地来抢东西，而且还杀人、放火。这让宋地的很多人没有房子往，没有东西吃。而当时的皇帝，懈怠朝政，致使宦官专政，军备废弛。

面对金国强烈的袭扰，宋王朝的军队毫无抵抗之力，只能节节败退，国家处在生死存亡的关头。到了1126年的时候，金国大举入侵中原，有位叫岳飞的青年决定投入宋军报效国家。

岳飞投军之后，从1128年遇

■岳飞和岳家军塑像

到大将宗泽开始，到1141年为止的13年间，率领岳家军进行了大小数百次战斗，所向披靡，位至将相。

岳飞重视团结百姓的力量，他缔造了“连结河朔”之谋，主张黄河以北的义军和宋军互相配合，夹击敌军，以收复失地。

岳飞治军，赏罚分明，纪律严整，又能体恤部属，以身作则，他率领的“岳家军”号称“冻杀不拆屋，饿杀不打掳”，深得老百姓拥戴。

以至于金军中流传着“撼山易，撼岳家军难”的说法，表示对“岳家军”的最高赞誉。岳飞反对“仅令自守以待敌，不敢远攻而求胜”的消极防御战略，一贯主张积极进攻，以夺取斗争的胜利。

但是在宋王朝内部，以秦桧为主的保守派却一意求和，并以十二道金牌下令退兵。岳飞在大胜在望之际被迫班师。在宋金议和过程中，岳飞遭受秦桧、张

宗泽（1060年—1128年），北宋末、南宋初抗金名臣。字汝霖，刚直豪爽，沉毅知兵。进士出身，历任县、州文官，颇有政绩，著有《宗忠简公集》传世。宗泽东京保卫战是两宋之际以宗泽等抗战派将领为首的宋朝军民抗击金军侵略、保卫首都开封的重要战争。

■岳家军彩绘壁画

俊等人的诬陷，被捕入狱。

1142年1月，岳飞以“莫须有”的“谋反”罪名与长子岳云和部将张宪同被朝廷杀害。

可以说，岳飞是我国古代治军的楷模，“岳家军”成为一时的典范。他虽然没有军事论著传世，但从其散见于史书篇牍中的论述和军事实践中，可以看出岳飞军事思想的主要内容。

前人在总结岳飞的治军思想时指出六个方面，那就是兵贵精不贵多、谨训习、赏罚公正、号令严明、严肃纪律、同甘苦，这六方面的核心便是以严治军。

在武术史上，岳飞被后人尊为“武圣”，深受后世的敬仰。岳飞自幼拜名师习武，武功精湛，技艺出众。后来流传和形成的诸多拳派拳种，很多都冠以“创始人”岳飞之名而盛传于民间各地，流传不绝，影响极深。

岳云（1119年—1142年），岳飞的长子，我国历史上少有的少年杰出英雄。据记载，他善使双锤，有万夫不当之勇。他慷慨忠勇，颇有父风，在反抗金兵侵略的战斗中屡立奇功，百战百胜。却于绍兴十一年除夕和父亲岳飞及部将张宪一起惨遭杀害，死时年仅23岁。

岳飞在作战中不仅强调要有勇敢的精神，而且更为重视谋略的作用。同时，岳飞注意灵活用兵。宋王朝实行“将从中御”，将帅作战必须依事先准备的阵图行事，不得擅自改变。岳飞认为，阵图有一定的局限，而战场是千变万化的，“古今异宜，夷险异地”，不能照搬阵图。

岳飞还说：“兵家之要，在于出奇，不可测识，始能取胜，若平原旷野，猝与敌遇，何暇整阵？”因此，他提出“阵而后战，兵法之常，运用之妙，存乎一心”的思想。另外，岳飞还提出“善观敌者逆知其所始，善制敌者当先去其所恃”的思想。

岳飞虽然被杀害了，但他的业绩不可磨灭。岳飞表达了被侵略民族的要求，坚持崇高的民族气节，坚持了正义的斗争。

岳飞联合军民，保住了南宋半壁河山，使得我国南方的人们免遭战争的蹂躏，从而保住了高度发展的经济和文化，并使之得以继续向前发展。

岳飞被害后，狱卒隗顺冒生命危险将岳飞遗体背出杭州城，埋在钱塘门外九曲丛祠旁。隗顺临终前，才将此事告知其子。

1162年，宋孝宗即位之后，岳飞的冤狱终于平反。隗顺之子告以

岳飞雕像

前情，乃将岳飞以礼改葬在西湖栖霞岭。

1178年，谥岳飞为“武穆”，宋宁宗时追封为鄂王，理宗时改谥忠武。1211年，又追封岳飞为“鄂王”。

此后，杭州、安阳等地都建造岳王庙。泉州晋江石龟村，是岳飞第三子岳霖之妻的娘家，泉州人民同情与崇敬岳飞，感情更加强烈。南宋初年泉州东门外凤山忠义庙，最早是祭祀岳飞的。此后，岳飞成为泉州的王爷神祇之一，还被道教奉为“护法四大元帅”之一。

元朝统一全国后，对于岳飞不仅给予封谥，而且支持对杭州的岳庙及坟墓的修缮。对此，元代史学家陶宗仪曾有记述，并在岳飞原有的封号上添增谥文，以示褒奖。

另外，陶氏记述在元代初期，岳飞寺庙由衰败到修葺情况的同时，也表彰了地方官员为收回岳庙的旧田产和新赐墓田等所做的工作。说明元朝上至朝廷、下至地方官吏都将岳飞作为忠臣烈士加以推崇的。

根据元朝祭祀规定，岳飞当属于被祭祀的对象。《元典章》中记

杭州岳王庙

岳飞率军出战的壁画

载有很多朝崇祭祀的诏旨，如在 1294年四月的时候，元世祖忽必烈诏告各地官府，对五岳四渎，遣使诣祠致祭。其名山大川、圣帝明王、烈士载在祀典者，所在长吏，除常祀外，择日致祭，庙宇损坏，官为修理。岳飞墓也在修葺祭祀之列。

此后不久的1311年正月初五日，忽必烈又诏书天下，其路府州县名山大川、圣帝明王、忠臣烈士、凡在祀典者，各具事迹申闻，次第加封。除常祀外，主者施行，严加致祭，庙宇损坏，官为修葺。

从这些诏令来看，元朝政府对前代圣帝明王、忠臣烈士的祭祀及庙宇修复是有所规定的。因此，元朝杭州地方官对岳飞庙宇的修复和祭祀，并非完全出于个人原因，而属于职责范围。

元朝不仅保护先贤遗迹，而且优待先贤之后。这一政策，在岳飞后人身上也有体现。早在元太宗统治时期，就曾访得宋鄂王飞后、汤阴人岳珍，授予许州长官。岳飞六世孙岳浚，于元成宗大德间，曾任石门县尉。英宗至治年间，任松阳县惠洽巡检司长官的岳自修，“字德敏，宋太师鄂忠武王五世诸孙，今为常之宜兴人”。

岳氏常州路宜兴州这一支血脉，是“岳王弟经略使之孙，自九

■杭州岳王庙岳飞墓

江来居，由宋而元，子孙繁衍，文物之盛，拔萃同里”，元代已是“常之望族”。岳飞死后数年，其孙岳珂曾编辑岳飞传记资料，定名《金佗稡编》，后原刻散佚。1361年，“江浙行省中书平章政事兼同知行枢密事吴陵张公，命断事官经历吴郡朱元佑重刻之”。由此可见，元朝对岳飞是尊崇的。

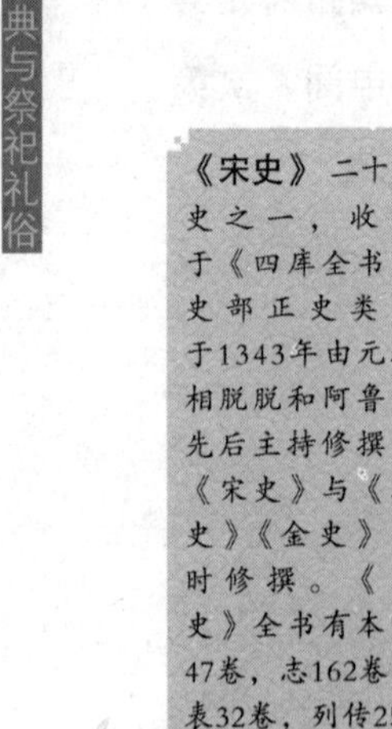

《宋史》 二十四史之一，收录于《四库全书》史部正史类。于1343年由元丞相脱脱和阿鲁图先后主持修撰，《宋史》与《辽史》《金史》同时修撰。《宋史》全书有本纪47卷，志162卷，表32卷，列传255卷，共计496卷，约500万字，是二十四史中篇幅最庞大的一部官修史书。

最能反映元朝政府对岳飞评价的资料，还当属《宋史·岳飞传》。由元代国家组织修撰的《宋史》，是二十四史中一部官修正史。《宋史》对岳飞的评价，集中反映在该书的列传《岳飞传》中。可以说，《宋史·岳飞传》基本上反映了元朝官方观点。

书中将岳飞归入了南宋军事将领类中。在入传的南宋军事将领中，岳飞名列第二，仅次于韩世忠。而且，岳飞与其子岳云独占一卷，足见岳飞在元朝史官眼中的地位之重。

此外，书中还就岳飞的人品、思想境界、以国家利益为重的精神以及岳飞的军事才能推崇备至，在普通的百姓心中，对岳飞也就更加尊崇了。

在我国台湾的宜兰，每当岳飞诞辰这天，人们就会聚集在碧霞宫纪念岳武穆王以三献古礼祭拜，在编钟伴奏下，学童们扮起岳家军，持斧盾，跳佾舞，合唱《满江红》，歌颂岳武穆。

“……待从头收拾旧山河……朝天阙！”当地官员们分别担任祝寿官、分献官，在礼生的引领下，以三献古礼祭拜。三献古礼，搭配古乐，迎神时，乐奏“景颂之章”；进馔时，乐奏“荐颂之章”，行初献礼时，乐奏“清颂之章”；亚献礼、终献礼时，乐奏“咸颂之章”，还特别以古乐器编钟伴奏，显得格外隆重。

整个仪式十分严谨，祭拜者读疏祝文，让参加祭祀的人们也感受到民族英雄的精神永留人间的意义。

在我国的河南安阳、开封朱仙镇、湖北武昌等地都有供奉岳飞的岳王庙，在这里，人们不仅可以表达对英雄的敬仰之心，还会在每年定期举行各种形式的纪念活动来怀念英雄，每当这个时候，香雾缭绕，绵延不绝。

阅读链接

早在岳飞为张所部下时，张所素闻岳飞“勇冠三军”，便问他：“汝能敌几何？”

岳飞回答说：“勇不足恃，用兵在先定谋。”

他列举春秋晋国“栾枝曳柴以败荆（楚），莫敖采樵以致绞”为例，认为此“皆谋定也”。所以，岳飞进一步肯定了谋略在作战中的作用。他说：“谋者胜负之机也。故为将之道，不患其无勇，而患其无谋。”明确指出了谋略是决定作战胜负的关键。岳飞不是莽壮汉，而是具有文韬武略的治国之才。

长盛不衰的成吉思汗祭典

相传铁木真九岁的时候，他的父亲也速该带他出游，巧遇蒙古人德薛禅。德薛禅愿将女儿孛儿帖许配铁木真为妻，铁木真就留在岳父家，等待成人后结婚。不料也速该独自返回时，误食仇人酒食，中毒身亡。从此，也速该的部落溃散，铁木真母子被人欺凌，遭遇到不少惊险。

成吉思汗画像

在一次逃亡中，追兵紧追不舍，铁木真藏匿在一家牧民的羊毛堆中过了四个时辰。追兵扒开羊毛搜索，铁木真缩作一团，屏着气息，一动不动。

幸得主人女孩故意高喊："这般炎热的天气，羊毛堆中哪里能够藏人？热也热死了。"

■成吉思汗率军出战的壁画

追兵这才散去。铁木真虽然逃过一劫，可日后他是连连吃败仗，连妻子孛儿帖都被敌人抢跑了。抢他妻子的是蔑里吉部落的人。早年，铁木真的母亲诃额仑，就是他父亲从蔑里吉人那里抢来的。蔑里吉人强大之后，纠集起来前来报复。不过，没有夺回诃额仑，而掳了孛儿帖。

铁木真吃败仗丢了妻子，无奈只得去求克烈部落的首领脱里。他哭拜道："我的妻被蔑里吉人掳去了，你们帮帮我吧！"

脱里道："我助你去灭那仇人，夺还你妻。你奉我命去通知札木合兄弟，教他发兵两万，做你左臂；我这里起两万军马，做你右臂，灭了蔑里吉部落，夺回你的妻子！"

铁木真叩谢而出，收拾行装，与母亲兄弟等，领了数十名伙伴，即日进发。在左右四万人的夹击下，铁木真一举消灭了敌人。全部战利品由脱里、札木

时辰 我国古代把一天划分为12个时辰，每个时辰相当于现在的两小时。相传古人根据我国十二生肖中的动物的出没时间来命名各个时辰，分别为子时、丑时、寅时、卯时、辰时、巳时、午时、未时、申时、酉时、戌时、亥时。其中，半夜11时到1时是子时。

合、铁木真三股均分。

铁木真不仅找回了妻子，也有了家底。三四年后，铁木真帐下部族达三四万人，比他父亲也速该在世时倍加兴旺了。大众便推举拥戴铁木真为首领，做了这个部落的“汗”。

铁木真成了“汗”，立即建立起了管理体系，他任命战将，发展实力，日后他成了大汗。此后，铁木真南征北战，带领儿孙远征欧亚非许多个国家，建立了宏大的草原帝国。

在成吉思汗统一蒙古以前，由于蒙古族还没有文字，只靠结草刻木记事。在铁木真讨伐乃蛮部的战争中，捉住了一个名叫塔塔统阿的畏兀儿人。他是乃蛮部太阳汗的掌印官，太阳汗尊他为国傅，让他掌握金印和钱谷。铁木真让塔塔统阿留在自己身边，“是后，凡有制旨，始用印章，仍命掌之”。

太阳汗 乃蛮部建立的乃蛮汗国的国王，为人骄纵狂恣。在蒙古人兴起以前，乃蛮部已很强大，已建立起国家机构，并拥有精良善战的军队，经常同克烈部发生战争，后来，强大的乃蛮部被铁木真部彻底消灭，太阳汗战死，大部分乃蛮人跟随其子屈出律西迁至他处。

■ 成吉思汗征战场景雕塑

■成吉思汗铜像

不久，铁木真又让塔塔统阿用畏兀儿文字母拼写蒙古语，教太子诸王学习，这就是所谓的“畏兀字书”，又名畏兀儿文。从此以后，蒙古汗国的文书，“行于回回者则用回回字”，“回回字只有二十一个字母，其余只就偏旁上凑成。行于汉人、契丹、女真诸亡国者只用汉字”。

而在一个相当时期内，在蒙古本土还是“只用小木”。“回回字”就是指的“畏兀字书”。虽然忽必烈时曾让国师八思巴创制“蒙古新字”，但元朝退出中原后就基本上不用了，而“畏兀字书”经过14世纪初的改革，更趋完善，一直被蒙古人沿用。

成吉思汗建国之后命令失吉忽秃忽着手制定青册，这是蒙古族正式颁布成文法的开端。但蒙古族的第一部成文法《札撒大典》却是十几年之后，在西征花剌子模之前制定的。

八思巴（1239年—1280年），藏传佛教萨迦派第五代祖师，吐蕃萨斯迦人。本名罗古罗思监藏，八思巴意为“圣者”是尊称。蒙哥汗三年，忽必烈从受佛戒。中统元年，世祖即位，尊为国师，使统天下佛教徒。至元元年，使领总制院事，统辖藏区事务。六年，制成蒙古新字，加号大宝法王。

成吉思汗征战场景塑像

据《史集》记载，1219年，“成吉思汗高举征服世界的旗帜出征花剌子模”，临出师前，“他召集了会议，举行了忽里勒台，在他们中间对自己的领导规则、律令和古代习惯重新作了规定”，这就是所谓《札撒大典》。

在蒙古社会中，大汗、合罕是最高统治者，享有至高无上的权威，大汗的言论、命令就是法律，成吉思汗颁布的“大札撒”记录的就是成吉思汗的命令。成吉思汗的“训言”，也被称为“大法令”。

成吉思汗及其子孙建立的蒙古汗国横跨欧亚两洲，当时世界上的各种宗教在其统治的范围之内几乎应有尽有。成吉思汗采用了较为开明的宗教政策，不强迫被征服者改信蒙古人的宗教，而是宣布信教自由，允许各个教派存在，而且允许蒙古人自由参加各种教派，对教徒基本上免除赋税和徭役。

成吉思汗实行这一政策，在一定程度上减少了被征服者的反抗，对蒙古贵族的得天下和治天下都曾发挥过不小的作用。

总而言之，在蒙古国建立以后，成吉思汗致力于国家的巩固和扩张，在政治、军事、法律、文字等方面取得了历史性的建树。成吉思汗以其军事家的雄才大略，为后来的继承者结束自唐“安史之乱”以来形成的割据分裂局面，建立统一的大元王朝，并使蒙古民族自立于天下民族之林，奠定了坚实的基础。

蒙古包 是蒙古族牧民居住的一种房子。建造和搬迁都很方便，适于牧业生产和游牧生活。蒙古包看起来外形虽小，但包内使用面积却很大，而且室内空气流通，采光条件好，冬暖夏凉，不怕风吹雨打，非常适合于经常转场放牧民族居住和使用。

当成吉思汗于1227年病逝后，人们就按照当时的习俗实行了秘葬。蒙古人为了纪念自己最杰出的领袖，就在漠北高原建立了成吉思汗陵寝“八白室”，即八座可以移动的白色蒙古包，收集成吉思汗遗物供奉在“八白室”的灵柩内。

从成吉思汗八白室建立的那天起，奉祀之神就有了祭祀仪式，这些祭祀仪式来源于萨满教。信仰萨满教的古代蒙古人崇拜苍天、崇拜天体，崇拜祖先，常常举行祭天、祭祖仪式。成吉思汗当年用99匹白骒马乳汁祭天，也是来自蒙古族所信仰的萨满教的习俗。

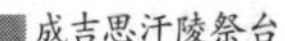

■成吉思汗陵祭台

忽必烈（1215年—1294年），即孛儿只斤·忽必烈，蒙古族，元朝的创建者，监国托雷第四子，宪宗蒙哥之弟。他在位期间，建立行省制，加强中央集权，使得社会经济逐渐恢复和发展。同其祖父成吉思汗一样，忽必烈是蒙古民族光辉历史的缔造者，是蒙古族卓越的政治家、军事家，在位35年。

基于原始萨满教的成吉思汗祭典，具有诸多的祭文、祭词、祝词、祭歌等。这些祭词，以诗歌文体形成，并以口头文学形式代代相传，具有相当高的文学水准。

成吉思汗祭典祭词，在历史的变迁中不断进行修订，不断增加新的内容，使祭典祭词从内容到形式不断丰富和完善，成为蒙古民族珍贵的文化遗产。

成吉思汗祭典祭词，一开始以口头文学形式出现。在1282年的时候，元朝皇帝忽必烈，钦定成吉思汗四时大典，规范祭祀程序，委派祭祀官臣，在原有的基础上，组织人员编写祭典祭词，使成吉思汗祭典祭词成为元朝宫廷文献。

后来，在北元巴图孟克达延汗、博硕克图济农、额璘臣济农时期，分别对成吉思汗祭典祭词进行校勘、修订。在清朝康熙、乾隆和光绪时期，曾四次分

■成吉思汗陵

成吉思汗陵

别对成吉思汗祭典祭词进行了校勘和修订。

成吉思汗祭典祭词，主要对成吉思汗及其夫人，以及对成吉思汗子弟、功臣等表示祭祀，赞颂他们的丰功伟绩，以美好吉祥的语言为他们祝福。并祈祷圣主赐给百姓美好的生活。

成吉思汗祭典祭词，主要由祭文、祝颂词、祝福词、祝祷词、福份词、祭歌等组成。这些祭词内容丰富、形式多样，内涵深刻。

其内容涵盖了蒙古民族古老、原始的历史、文化、风俗、礼仪、观念、信仰、语言、文字、法律等诸多方面；其形式涉及了古老的蒙古民族牲祭、火祭、奶祭、酒祭、歌祭等。在成吉思汗祭典中应用的祭词，有50多部，长达近5000行，形成丰富多彩的长篇韵文，成为蒙古民族珍贵的历史文献。

在成吉思汗祭典祭词中祭文是最主要的，祭文主要是赞颂成吉思汗及其黄金家族以及有功之臣的丰功伟绩，并表达对他们的祭祀之情。祭文分“大祭文”，“小祭文”和“普通祭文”等几种。

如大祭文中有《金殿香火（灶）大祭文》，《成吉思汗大祭文》

苏勒德 汉语称大纛，它象征着长生天赐予成吉思汗的佑助事业成功的神物，是蒙古民族的守护神。苏勒德是一个有形的圣物，是一柄类似于古代兵器的矛状物，矛身底座的銎部形成一个圆盘，盘沿一周有81个穿孔，绑扎着马鬃作为垂缨，然后固定在松柏杆上冲天而立于石头龟座之上，显示着神圣的威严之势。

等，小祭文中有《金殿香火（灶）小祭文》《金殿小祭文》等，普通祭文中有《成吉思汗哈日苏勒德祭文》《弓箭祭文》等。其《成吉思汗小祭文》的开头一段为：

> 受上天之命而诞生，集天骄大名于一身，夺得天下国家之权，长生天骄子成吉思汗，苍天之根源，计谋之远大，天生之智慧，不衰之政权……

成吉思汗祭典祭词中，祝颂和祝福占重要地位。蒙古民族自很早以来遇成家立业等重要事情时，总是由长辈念诵祝颂词，祝福美好的未来。有时还用鲜奶抹画，并进行祝颂。其只念诵祝颂词，称“祝颂”，抹画并祝颂，称“祝福”。

■成吉思汗陵

成吉思汗祭典祭词中的祝颂有《殿内祝颂》,《殿外祝颂》,《巴图吉勒祝颂》《珠太祝颂》《牲羊祝颂》等。祝福有《成吉思汗呼图克祝福词》《成吉思汗宫帐祝福词》等。

成吉思汗蜡像

这些祝颂和祝福词，包括赞颂成吉思汗，祝福大地平安，人们永远过上安康生活等内容。祝颂也有像《九十九匹白骒马乳汁祭洒祝颂》等祭祀苍天，以向苍天祈祷为内容的祝颂词。

成吉思汗祭典祭词中有《成吉思汗大图格勒》祭词，“图格勒”意为“分福份”。在祭典时所敬献的圣酒、全羊等祭品，最后要分给参加祭祀的人员，表示分享成吉思汗的“福份”。《成吉思汗大图格勒》中列了诸多功臣、部落首领的名字，赞颂他们的功绩，由他们的后代得到应得的“福份”。

在成吉思汗祭典中都有祈祷仪式，并在随时举行的奉祭中也有祈祷仪式。举行祈祷仪式时，分别念诵圣主和苏勒德《哈达祝祷词》《神灯祝祷词》《全羊祝祷词》以及《圣酒祝祷词》。这些祝祷词，也是成吉思汗祭典祭词的组成部分。

成吉思汗祭典祭词，是成吉思汗祭典的核心，是成吉思汗祭祀文化形成的主体。也是成吉思汗祭祀能够世代相传的载体。有了内容丰富的祭词，八白室的祭典才能完整地保留至今。成吉思汗祭典祭词，

■成吉思汗画像

大体可分圣主祭词、苏勒德祭词和其他祭词等几个部分。

成吉思汗祭典中还有祭歌，这是蒙古民族从古以来在典礼、祭祀中专门献乐、献歌的“歌祭”习俗，在成吉思汗祭典中的体现。

在成吉思汗祭典中所唱的歌，是蒙古王朝专门为祭典所创作的祭歌。这些祭歌是伴随查尔给的打击声唱的，因此称“查尔给之歌”。

成吉思汗这组祭歌由《大蒙古》等12首歌组成，其中除《大歌》用蒙古语赞颂成吉思汗之外，其他歌的歌词与现代蒙古语完全不同，是用古代蒙古语言唱的，守灵人称之为“苍天语言”，所以这些祭歌也称“天歌”。

在成吉思汗祭典中举行敬献圣酒仪式时，由达尔扈特洪晋亚门特边敲击查尔给，边诵唱祭歌。成吉思汗这一组祭典祭歌，据《金册》记载，以《大蒙古》即《大番》《召木尔苏》《德尔特》《乌其肯》《哈毕尔嘎》《贵呼》《札嘎拉》《哲伯》《希日札拉》《浩尔浩勒吉》《哲尔格》《额德呼》即《大歌》12首组成。

成吉思汗祭歌是一种情感的表达，诵唱者将崇拜、缅怀、信任、自豪等情感，融入祭歌中，充分表达其内心的情感，将成吉思汗祭典推向高潮。据史书记载，成吉思汗的各种祭典活动每年要进行30多次，而这些祭典都有不同的时间、方式和祭品。

达尔扈特 是蒙古语，翻译过来的意思是“担负神圣使命的人”。指蒙古族中专门为成吉思汗守陵的部落。达尔扈特的男人，一生只能做有关守卫成陵和祭祀的事情。父亲教给儿子关于祭祀和管理的各种仪式和方法，学会《伊金颂》《苏勒定颂》《窝奇特经》。这是他们世代相传的专门事业。

过去，由于受逐水草而居的游牧生活所限，加之由于成吉思汗陵是经常流动的，所以每逢祭典，被称之为成吉思汗亲兵卫队的达尔扈特人，就会把灵包请到高大的楠木灵车上，由传说是成吉思汗的两匹骏马的后代，即全身没有一根杂毛的银白色马拉到祭典之处，摆上供品，并由祝颂人以高亢顿挫的声调，颂扬成吉思汗的功绩。

后来，为了便于祭典，征得达尔扈特人的同意，将分散在各旗的成吉思汗画像、宝剑、马鞍等物集中到成吉思汗陵所在地，并且把各种祭典活动适当集中，分别在每年的农历三月二十一日、五月十五日、八月十二日和十月初三共进行四次。

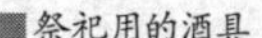
祭祀用的酒具

每到这一天，众多的拜谒者怀着虔诚的心情，不辞辛苦跋涉而来，站在这位传奇人物高大雕像前，献上洁白的哈达，明亮的炼烛，芬芳的香炷，肥壮的整羊，鲜美的牛羊奶，乳黄的酥油，芳醇的马奶酒等最圣洁的祭

哈达 蒙古人和藏族人作为礼仪用的丝织品，是社交活动中的必备品，哈达类似于古代汉族的礼帛。蒙古族人和藏族人表示敬意和祝贺用的长条丝巾或纱巾，多为白色、蓝色，也有黄色等。此外，还有五彩哈达，颜色为蓝、白、黄、绿、红，是最珍贵的礼物。

品。整个祭典过程由达尔扈特人主持进行。

传统的祭典仪式是祭典者先到墙外正南百步远的"金柱"，蒙古语称"阿拉腾嘎都苏"处绕柱三圈，每日必得99人方止，又到距柱80步处向外首洒奶。

绕柱后，再绕旁系的大白马及马驹；亦用小木勺舀奶洒扬。绕马后，再由守陵人员把奶盛在银碗中扣于马背，马受惊腾跃，碗落方止，碗落地后如仍扣着，则要重来。绕柱、绕马结束后，即开始献酒。

献酒人跪于殿外，由陵户从献酒人壶中将酒倒入二酒盅里，献酒人用长方盘捧入陵殿、由陵户接过酒盘置于羊肉上，献酒人行礼后退出跪于原处。殿外另一陵户取酒盘，只听进殿时口中喊："哦！哦！哦！"这陵户将酒取出，倒入盅中，再换新酒送给献酒人捧入。

■ 成吉思汗陵中的蒙古勇士壁画

献酒时，殿外有两个老陵户念词，这些词无文字记载，也没有人能够"破译"，因而被称之为"天语"。献酒毕，进殿跪于祭案前毡上，再献哈达、献灯、献羊、献香，献时长跪。献毕，每人投一块羊尾肉入案前火盆中，投时仍念祝词，有的甚至投二次肉。接着就是烧哈达碎片，用大银杯轮流跪饮烧酒，并跪食羊肉一小块。整个祭典过程共用两小时之多。

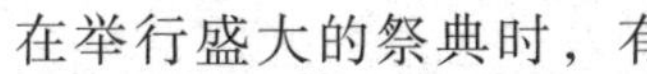

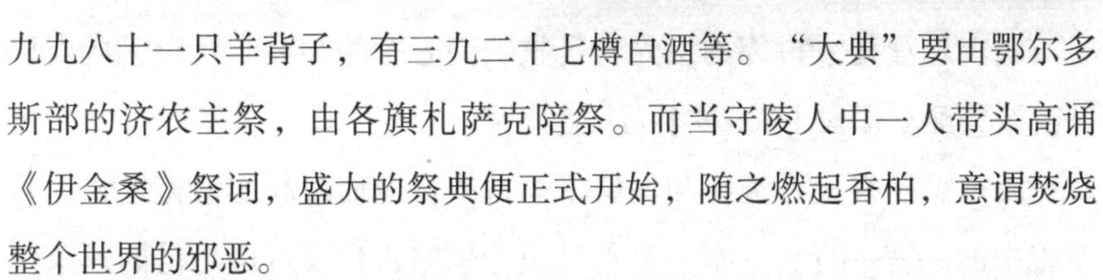

成吉思汗蜡像

在蒙古民间，普通的人们更多的是把成吉思汗视为祖先、神灵，祈求保佑，而随时举行祭祀，有人正月到十二月，每月都有固定祭典日期的月祭。有元世祖忽必烈钦定的四时祭，即四季之祭，也就是春天的马奶祭，夏天的淖尔祭，秋天的禁奶祭和冬天的皮要祭。

在举行盛大的祭典时，有九九八十一只羊背子，有三九二十七樽白酒等。“大典”要由鄂尔多斯部的济农主祭，由各旗札萨克陪祭。而当守陵人中一人带头高诵《伊金桑》祭词，盛大的祭典便正式开始，随之燃起香柏，意谓焚烧整个世界的邪恶。

在这种环境里，能使所有参祭的人们，都仿佛置身于先祖所在的时代，似乎感受到了远古社会那种扑朔迷离的时代气息。

诵毕《伊金桑》，司祭者用一根木叉叉起一块大的羊尾，凑近火撑上烤炙，眼见到旺盛的火苗燎到了肥尾的时候，司祭者又诵起《祭灶词》。

念毕《祭灶词》，再用叉着的羊尾，去涂抹火撑的三条腿儿。接着再把圣酒向水中泼洒三次，众人把分到的一小块羊尾与针茅、榆木片等一同投入火中，这通常是成吉思汗祭祀中的祭灶仪式。

祭灶之后，主祭、陪祭和所有参祭者依次虔诚地跪在红色的地毯上，双手举起来，托着长长的哈达，一名守陵人，站出来念祝颂词。

献完哈达，再献酥油灯，高诵各种祭词，对成吉思汗和他的四个弟弟，四个儿子以及跟随他戎马一生的诸多著名将领进行一番至高至上的赞扬后，另外的守陵人，抬着银制的五叉盘，把盘中摆好的羊背子，朝着成吉思汗的灵柩献上，同时，又念颂一首优美动听的祝祷词。

接下来，守陵人拉起马头琴，敲起马头板，高声唱起了马头板歌。这时，伴随古老悠长、谜一般无法理解的十二支马头板歌声，济农札萨克们，都毕敬毕恭地向自己的嫡系祖先，献上圣洁的酒。

最后由众人唱一首“大歌”，吟诵一遍“伊克乌其克”，便开始分享祭典成洁思汗的有福份的羊背子了。至此，一个程序复杂、规则明确的祭典活动宣告结束。无数的牧人，踏着牧歌，迎着火红的晚霞，一路喜悦地纵马奔向草原深处。

成吉思汗是蒙古族的祖先，是牧人们心中的神灵。所以，成吉思汗陵祭典活动保留了700多年而长盛不衰。

成吉思汗祭祀，汇集和保留了蒙古族古老而崇高的祭祀方式，其祭祀中的一言一行、一举一动都已成为领略古代蒙古族习俗的形象化的资料，并且是蒙古族古代历史文化中，最珍贵最难得的一份遗产。

阅读链接

成吉思汗本名铁木真。这个名字有个来历。

相传铁木真的父亲也速该，在讨伐塔塔儿部落时，阵前活捉敌方战将铁木真。

也速该班师途中老婆生了儿子：婴儿手握血团，其色如肝，其坚如石，说是吉祥之兆。也速该见儿子双目炯炯，奇伟异常。便道：“我出征擒住个铁木真，乃生平快事。此儿不妨就取名铁木真吧，留作纪念。”

天地大海祭典

我国古代的儒家文化，是很敬重“天地”的。在我国的普通老百姓家中，一般在中堂都供奉有“天地君亲师”的牌位，“天地”牌位在“君”的牌位前面。如此，逐步形成了古代帝皇拜祭天地的仪式。

我国古代以天为至上之神，主宰一切，祭祀天地有顺服天意、感谢造化之意。由于在当时的社会中，君王是国家的象征，所以祭祀君王也有祈求国泰民安之意。

除此之外，在我国民间较为隆重的还有沿海百姓对于海神的祭拜，以祈求风调雨顺和海上平安，这些都构成了我国丰富的天地祭祀文化。

人与天交流的祭天活动

那还是我国人文始祖尧帝传位给舜时，在帝位交接的那一天，举行了庄严而隆重的禅让大典。尧对舜说道：

> 咨！尔舜！天之历数在尔躬。允执其中。四海困穷，天禄永终。

尧帝禅让

■天坛内用于祭祀的牌位

意思是说：嗨！你，舜！上天安排的使命落在你的身上。你要真诚地把握正确的原则。如果天下政治混乱、百姓贫困，上天给你的禄位就永远完结了。

这一句话表明，尧已经将上天的神圣使命托付给了舜，并告诫舜，要忠于这份神圣的使命，强调舜对天下人的重大责任。

从此，华夏民族就有了“敬天法祖”的信仰。在华夏先民眼中，天地哺育众生，是最高的神。天的人格化称呼，是“昊天上帝”。

敬天法祖 周礼的核心信仰和高度概括，天就是天神、上帝，祖就是宗庙的祖先神。天神称祀，宗庙称享，祭祀天神称为外事，祭祀宗庙称为内事。敬天法祖既是道教教义之一，也是我国古代社会的主要信仰。我国后来敬天的祭祀场所是天坛。

传说中的伏羲氏、神农氏、炎帝、黄帝、颛顼、帝喾、尧、舜、禹、汤、周成王都曾经去泰山祭天封禅，先秦就有72位祖先君王去泰山祭天。

祭天仪式是人与天的交流形式，历代王朝都由天子来亲自主持祭天仪式，祭天的祭坛一般为圆形，称为“圜丘”，寓意天圆地方。在仪式上须诵读祭文、

衮服 我国古代皇帝及上公的礼服。它与冕冠合称为"衮冕"，是古代最尊贵的礼服之一。是皇帝在祭天地、宗庙及正旦、冬至、圣节等重大庆典活动时穿用的礼服。

镇圭 古代举行朝仪时天子所执的玉制礼器。长一尺有二。以四镇之山为雕饰，取安定四方之义，故称。《周礼·春官·大宗伯》："以玉作六瑞，以等邦国。王执镇圭。"

奏雅乐，并焚烧祭品，以表示人们把自己的劳动成果贡献给天，作为对天滋润万物的一种报答。

周代祭天的正祭是每年冬至之日在国都南郊圜丘举行。"圜丘祀天"与"方丘祭地"，都在郊外，所以也称为"郊祀"。圜丘是一座圆形的祭坛，古人认为天圆地方，圆形正是天的形象，圜同圆。

在祭祀之前，天子与百官都要斋戒并省视献神的牺牲和祭器。

祭祀之日，天子率百官清早来到郊外。天子身穿大裘，内着衮服，是一种饰有日月星辰及山、龙等纹饰图案的礼服，头戴前后垂有十二旒的冕，腰间插大圭，手持镇圭，面向西方立于圜丘东南侧。

这时鼓乐齐鸣，报知天帝降临享祭。接着天子象征性地牵过牛羊作为献给天帝的牺牲，再交给侍者。这些牺牲随同玉璧、玉圭、缯帛等祭品被放在柴垛上，由天子点燃积柴，让烟火高高地升腾于天，寓意上闻于天。这就是燔燎，也叫"禋祀"。

祭天台

随后在乐声中迎接"天帝"登上圜丘，"天帝"由一人扮饰，作为天帝化身，代表天帝接受祭享。当"天帝"就座后，面前陈放玉璧、鼎、簋等各种盛放祭品的礼器。

这时先向"天帝"献牺牲的

鲜血，再依次进献五种不同质量的酒，称作五齐。前两次献酒后要进献全牲、大羹、铏羹等。第四次献酒后，进献黍稷饮食。

荐献后，“天帝”用三种酒答谢祭献者，称为酢。

饮毕，天子与舞队同舞《云门》之舞，相传那是黄帝时的乐舞。最后，祭祀者还要分享祭祀所用的酒醴，由“天帝”赐福于天子等，称为“嘏”，后世也叫“饮福”。天子还把祭祀用的牲肉赠给宗室臣下，称“赐胙”。后代的祭天礼多依周礼制定，但以神主或神位牌代替了“天帝”。

周朝之后，特别是汉代起儒家思想占据统治地位后，历代王朝皆尊崇周礼，因此祭天仪式也基本按照周代的方式进行。不过随着社会的发展，在流程、器物等方面仍有增减。

秦皇嬴政是秦朝的开国皇帝，他统一六国后，效法传说中上古帝王的祭天活动，于始皇帝28年，即公元前219年，率群臣自咸阳东巡郡县，然后登泰山举行祭天封禅大典。秦始皇此举，开启了皇帝登泰山祭天的先河。

后来，他的儿子秦二世也效仿，登泰山封禅祭天。在秦代有三年

■祭天用品

一郊之礼。秦以冬十月为岁首，郊祀就在十月举行。

汉高祖刘邦祭祀天地都由祠官负责，武帝初，行三年一郊之礼，即第一年祭天，第二年祭地，第三年祭五畤，每三年轮换一遍。

公元前32年，汉成帝刘骜在长安城外昆明故渠之南建圜丘，并在翌年春的正月上辛日进行祭天，同时祭五方上帝，这是汉代南郊祭天之始。后汉在洛阳城南建圜丘，圜丘内祭坛分上下两层，上层为天地之位，下层分设五帝之位，坛外有两重围墙，叫作“壝”。

五胡乱华之后，华夏文明受到了一定程度的冲击，郊祀制度也受到一些影响。我国北方一些少数民族建立的政权祭天虽然采用汉制，但常有民族传统礼仪融入其中。

齐武帝（440年—493年），萧赜字宣远，小名龙儿，齐高帝萧道成长子，母昭皇后刘智容，南北朝时期齐朝第二任皇帝，482年至493年在位。493年齐武帝去世，终年54岁，庙号世祖，谥号为武皇帝，葬于景安陵。他的皇太孙萧昭业继承皇位。

南北朝时梁代南北郊祭天地社稷、宗庙，都不用牺牲，而用果蔬。从南齐开始，圜丘坛外建造屋宇，作为更衣、憩息之所。旧制全用临时性的帷帐，南齐武帝永明二年，也就是483 年的时候才开始用瓦屋。

唐代祭天礼除了延续前代礼仪之外，皇后也开始参加，显示了唐代女性地位的提高。

宋代圜丘合祀天地后，要在皇城门楼上举行特赦仪式，赦免囚徒。次日，还要到景灵宫祖宗神像前行“恭谢礼”。

1377 年，明太祖朱元璋改变圜丘礼制，定每年孟春正月合祀天地于南郊，建大祀殿，以圜形大屋覆盖祭坛。明成祖朱棣迁都紫禁城之后，在正阳门南按南京规制营建大祀殿，于1420 年建成，合祀天地。

到了清代，康熙皇帝改变天地合祀制度，在大祀殿之南另建圜丘。至此，祭天典礼已发展至最完善时期。据史料记载，明清两朝每年冬至日的圜丘祭天，是古代郊祀中最主要的形式之一，整个祭天礼仪极其隆重与繁复。

根据记载，每当祭日来临之前，必须进行大量的准备工作，不管耗费多少人力物力，亦在所不惜。如对天坛内各种建筑及其设施，进行全面的大修葺。修整从紫禁城至天坛皇帝祭天经过的各条街道，使之面

明成祖（1360年—1424年），朱棣，朱元璋第四子。是明朝第三位皇帝，在位22年，年号永乐。公元1421年迁都北京，对强化明朝统治起到了非常积极的作用。在位期间将由靖难之后的疮痍局面发展至经济繁荣、国力强盛的盛世，史称“永乐盛世”，朱棣也被后世称为“永乐大帝”。

■圜丘坛

■天坛祭天仪式

貌一新。

举行祭祀的前五天，皇帝会派一位亲王到牺牲所察看为祭天而准备的牲畜。祭祀前三日，皇帝开始进行斋戒。祭祀前要书写好祝版上的祝文。

到了祭祀前一日要宰好牲畜，并制作好祭品，整理神库祭器。皇帝阅祝版，至皇穹宇上香，到圜丘坛看神位，去神库视边豆、神厨视牲，然后再回到斋宫斋戒。

祭祀日的前夜，由太常寺卿率部下安排好神牌位、供器、祭品。乐部就绪乐队陈设，最后由礼部侍郎进行全面检查。

祭位的设置也有严格的规定，圜丘坛专门用于祭天，台上不建房屋，对空而祭，称为“露祭”。祭天陈设讲究，祭品丰富，规矩严明。

在圜丘坛共设七组神位，每组神位都用天青缎子搭成临时的神幄。上层圆心石北侧正面设主位，也就是皇天上帝神牌位，其神幄呈多边圆锥形。

第二层坛面的东西两侧为从位，日月星辰和云雨风雷牌位。神位前摆列着玉、帛以及整牛、整羊、整豕和酒、果、菜肴等大量供品。单是盛放祭品的器皿和所用的各种礼器，就多达700余件。上层圆心石南侧设祝案，皇帝的拜位设于上、中两层平台正南方。

亲王 我国爵位制度中王爵的第一等，亲王的正室为亲王妃。汉朝开始，封皇子、皇帝兄弟为王。西晋开始，王爵分为亲王、郡王两等，亲王专封皇子、皇帝兄弟。郡王初为皇太子之子的封号，后多用于分封节度使等武臣，文官也有受封郡王者。

圜丘坛正南台阶下东西两侧，陈设着编磬、编钟、镈钟等16种，60多件乐器组成的中和韶乐，排列整齐，肃穆壮观。

祭天的时辰为日出前七刻，时辰一到，斋宫鸣太和钟，皇帝起驾至圜丘坛，钟声止，鼓乐声起，大典正式开始。

此时，圜丘坛东南燔牛犊，西南悬天灯，烟云缥缈，烛影摇红，给人以一种非常神秘的感觉。

祭典开始以后，第一项就是迎帝神，皇帝从昭享门外东南侧具服台更换祭服后，从左门进入圜丘坛，至中层平台拜位。此时燔柴炉，迎帝神，乐奏“始平之章”。

牌位 又称灵牌、灵位、神位等，是指书写逝者姓名、称谓或书写神仙、佛道、祖师、帝王的名号、封号、庙号等内容，以供人们祭典的木牌。按照我国民间传统习俗，人逝世后其家人都要为其制作牌位，作为逝者灵魂离开肉体之后的安魂之所。牌位大小形制无定例，一般用木板制作，呈长方形，下设底座，便于立于桌案之上。

皇帝至上层皇天上帝神牌主位前跪拜，上香，然后到列祖列宗配位前上香，叩拜。回拜位，对诸神行

■祭天仪式表演

羽籥 古代祭祀或宴飨时舞者所持的舞具和乐器。羽，指雉羽。籥，一种编组多管乐器。《周礼·春官·籥师》："祭祀，则鼓羽籥之舞。宾客飨食，则亦如之。"郑玄注："文舞有持羽吹籥者，所谓籥舞也。"

三跪九拜礼。

接着奠玉帛，皇帝到主位、配位前奠玉帛，乐奏"景平之章"，回拜位。皇帝到主位、配位前进俎，乐奏"咸平之章"，回拜位。皇帝到主位前跪献爵，回拜位，乐奏"奉平之章"，舞"干戚之舞"。然后司祝跪读祝文，乐暂止。读毕乐起，皇帝行三跪九拜礼，并到配位前献爵。

行亚献礼就是皇帝为诸神位献爵，同时奏"嘉平之章"，舞"羽籥之舞"，再回拜位。

行终献礼为皇帝为诸神位依次献爵，奏"永平之章"、舞"羽籥之舞"。光禄寺卿奉福胙，进至上帝位前拱举。皇帝至饮福受祚拜位，跪受福、受祚、三拜、回拜位，行三跪九拜礼。

彻馔时需要奏"熙平之章"，送帝神时皇帝行三跪九拜礼，奏"清平之章"。祭品送燎炉焚烧，皇帝至望燎位，奏"太平之章"。望燎是皇帝观看焚烧祭品，奏"佑平之章"，起驾返宫，大典自此结束。

■祭天表演

祭天大典是皇帝展现"君权神授"思想，显示"天子"神圣权威的活动，为了达到其宣扬神权以维护皇权的目的，要求安排祭天事务的人员，不

得有任何差错，否则要予严惩。如在《大清律》中明文规定：

祭天仪式模拟表演

每逢祭祀，于陈祭器之后，即令御史会同太常寺官遍行巡查，凡陪祀执事各官，如有在坛庙内涕唾、咳嗽、谈笑、喧哗者，无论宗室、觉罗、大臣、官员，即指名题参。

总之，祭天是华夏民族最隆重、最庄严的祭祀仪式，是人与天的“交流”形式。通过祭天来表达人们对于天滋润哺育万物的感恩之情，并祈求皇天上帝保佑华夏子民。

阅读链接

“天”是中华文化信仰体系的一个核心，狭义仅指与地相对的空间，按《隋书·礼仪》所载：“五时迎气，皆是祭五行之人帝太皞之属，非祭天也。天称皇天，亦称上帝，亦直称帝。五行人帝亦得称上帝，但不得称天。”周朝以后的儒教继承了周以前的中华宗教信仰传统，因而历代祭天延绵不绝。

春秋战国之时，思想进步，人文理性精神勃发，季梁曰：“夫民，神之主也，是以圣王先成民，而后致力于神。”神为人创，民为神主，则上古神秘观念渐消，“皇天上帝”之概念渐被自然之“天”取代，天为道德民意之化身，这构成了后世中华文化信仰的一个基础，而“敬天祭祖”是我国文化中最基本的信仰要素。

对土地崇拜的祭地活动

土地是繁衍我们生命的精魂，万物滋生的源泉，我国古人对于土地的顶礼膜拜从未间断，从远古时期就已经有对土地的崇拜，大地生长五谷，养育万物，犹如慈爱的母亲，因此，古代有“父天而母地”的说法。在我国的古文献中记载土地神是“社”，祭礼叫“宜”。在殷商甲骨文里已有对社土的祭祀，还有大量的祭祀山岳河流的记录，

祭台

主要目的是祈求农作物的丰收。地神，称为“地圻”，又作“地祇”。“社”，通常是主某一片土地之神。所以，《礼记·王制》有“天子祭天地，诸侯祭社稷”的说法。

另外，阴阳家认为，地中央曰昆仑，统辖四方大九州岛；神州是九州岛之一，下又分小九州岛，即我国的九州岛。

周代祭祀土地的祭日，是每年夏至之日在国都北郊水泽之中的方丘上举行。水泽，即以水环绕，方丘，指方形祭坛，古人认为地属阴而静，本为方形。水泽、方丘，象征四海环绕大地。

■祭地用品

祭地礼仪与祭天大致相近，但不用燔燎而用瘗埋，即祭后挖坎穴将牺牲等祭品埋入土中。祭地用的牺牲取黝黑之色，用玉为黄琮，黄色象征土，琮为方形象地。为了祭祀地神，求得保佑与恩赐，人们修建各种场所供奉、祭祀地神。

祭地礼仪还有四望山川，望祭天下名山大川之神。同一山川，至其地而祭之，直呼为祭，远望而祭之，则名曰“望”。此外，还有祭祀土神、谷神、社稷等习俗。

后来，根据“万物有灵”的原始思维以及由此产生的自然崇拜，被统治者接受并加以改造，其中充分融合儒家“敬天法祖”的思想，形成在特定时间和特

《礼记》 我国古代一部重要的典章制度书籍，儒家经典之一。其内容是西汉戴圣对秦汉以前各种礼仪著作加以辑录，编纂而成，共49篇，由西汉礼学家戴德的侄子戴圣编著，从解说经文的著作逐渐成为经典，到唐代被列为“九经”之一，全书共有1250个小故事，宋代被列入‘十三经”之中。

■圜丘坛

定地点祭祀特定神祇的官方祀典。并为历代王朝所遵从，成为帝制时代最重要的典章制度之一。

最初的祭祀活动在树林空地中的天然土丘上进行，后来发展为夯土筑台。台是最早出现的建筑形式，由于当时条件所限，此类建筑多用夯土筑成。汉代以后，台出现两种变体，一是祭祀自然神的专用建筑，叫作祭坛；二是建筑物的基础部分，叫作台基。

典章制度 是一个国家的政府在一定时期内行为规范的基本准则。从很早开始，我国历代统治者就十分重视典章制度的建设。《史记》中的"书"和后来各朝正史中的"志"、"录"就留下了丰富的有关典制的记载。此外，还有不少典制方面的专书。可见，历代先人们是十分重视政权制度建设的。

我国古代典籍对远古的祭祀活动无确切记载，《周礼》中的"夏至日祭地祇于泽中方丘"成为历代地坛规制和祀典的理论基础。在汉武帝时，根据《周礼》中的描述在汾河汇入黄河处建立了一座后土祠。

西汉末年又按阴阳方位在都城长安南郊和北郊分建祭祀天地之坛。自此祭地之坛成为都城必不可少的建筑项目，由于历代对儒家经典解释不同，有时将天和地合在一起祭祀，有时分开祭祀。

1153年，海陵王完颜亮建中都城，在通玄门外建北郊方丘，是北京最早的祭地之坛。到了明朝，开国皇帝朱元璋建圜丘于钟山之阳、方丘于钟山之阴，实行天地分祀。有一年，朱元璋在祭祀前斋戒时风雨交加，他疑惑苍天有所不悦，苦思冥想之后，感觉敬天地如敬父母，没有分开祭祀之理，于是改为合祀了。

朱元璋死后，皇太孙朱允炆继位，年号建文。鉴于北方诸藩王拥兵自重，危及朝廷，建文帝决定削藩。镇守北平的燕王朱棣起兵反抗，发动“靖难之役”，攻入南京，夺取皇位，年号永乐。朱棣夺取皇位后改北平为北京，迁都北京。这是明代历史上的一件大事，史称“永乐迁都”。

明成祖营建北京城时，以南京为蓝本，在京城正

《周礼》 儒家经典，西周时期的著名政治家、思想家、文学家、军事家周公旦所著，今从其思想内容分析，则说明儒家思想发展到战国后期，融合道、法、阴阳等家思想，春秋孔子时对其发生了极大变化。《周礼》所涉及之内容极为丰富，无所不包，堪称为上古文化史之宝库。

■祭坛一角

北京地坛中的方泽亭景观

阳门外建天地坛，紫禁城右侧建社稷坛，天地坛以西建山川坛，1421年又亲自祭典：

> 正月甲子朔，上以北京郊社、宗庙及宫殿城，是日早躬诣太庙，奉安五庙太皇太后神主。命皇太子诣天地坛奉安昊天上帝、后土皇地祇神主，皇太孙诣社稷奉安太社太稷神主。

藩王 介于地方长官与朝廷之间的统治者。他们经常形成地方割据势力，但在名义上仍是服从朝廷的地方长官；或者由朝廷册立统治某地区的相对独立的君主。藩王一般都有独特的名衔，这些名衔并非一般的地方长官职衔，可以世袭罔替。如果藩王继承皇位，这些名衔会演变为真正的君主称号。

昊天上帝和皇地祇神位从此在北京扎下根来。1521年，明朝第十位皇帝武宗病死。武宗没有儿子，他的堂弟，15岁的朱厚熜以藩王继承皇位，为明世宗，年号嘉靖。嘉靖皇帝继位之初就围绕着如何确定其生父的尊号展开一系列激烈争论，并由此引发礼制变革。

1530年农历二月，嘉靖皇帝以天地合祀不合古制为由，集群臣596人议郊祀典礼。有82人主张分祀；84人主张分祀而又以为既成之法不可轻改，时机尚不适宜；26人主张分祀而以山川坛为方丘；206人主张合祀而不以分祀为非；还有198人不置可否。

琉璃瓦 据文献记载，琉璃随着佛教文化而东传，其原来的代表色实际上指蓝色。我国古代宝石中有一种琉璃属于七宝之一。除蓝色外，琉璃也包括红、白、黑、黄、绿、绀蓝等色。施以各种颜色釉并在较高温度下烧制成的上釉瓦，被称为琉璃瓦。

世宗“自为说，以示礼部”，将南郊的天地坛改为圜丘专以祭天，在北郊择地另建方泽专以祭地，并在东郊建朝日坛、西郊建夕月坛。这也是明代的重要事件，史称“更定祀典”。

1530年五月，四郊坛兴工。十一月定北郊之坛名为地坛，此后方泽、地坛两名并存，祝文称方泽，公务称地坛。1531年四月，方泽坛竣工建成。坛正中铺纵横各六条黄琉璃砖道，皇祇室以及方泽坛围墙覆绿琉璃瓦。

清初沿袭明朝地坛旧制，连同地坛以及各建筑的

■日坛公园亭榭

《考工记》 战国时期记述官营手工业各工种规范和制造工艺的文献。著作记述了齐国关于手工业各个工种的设计规范和制造工艺，书中保留有先秦大量的手工业生产技术、工艺美术资料，记载了一系列的生产管理和营建制度，在一定程度上反映了当时的思想观念。

名称都未改动。至1749年，地坛因年久损毁严重，为此进行了大规模的修缮和改建。乾隆帝认为，皇祇室绿瓦和方泽坛面黄琉璃面砖“于义无取”，于是依据《周礼》和《考工记》等经典，将皇祇室以及方泽坛围墙绿琉璃瓦顶改为黄瓦、方泽坛面黄琉璃砖改为白色石块。

这次改建十分成功，使两座主体建筑的礼制意义更加明确。改建工程至乾隆十七年，也就是1752年的时候竣工，所形成的形制被后世完整地保存了下来。

改建后的地坛占地面积43万平方米，布局以北向为上，由两重正方形坛墙环绕，分成内、外坛。内坛墙四面辟门，外坛墙仅西面辟门。外坛门至安定门外大街之间是一条坛街，街西端有三间四柱七楼木牌楼一座，是进入地坛的前导和标志。

■方泽坛一角

内坛中轴线略偏于东部。主要建筑有三组，方泽坛和皇祇室在中轴线上，方泽坛西侧有神库和宰牲亭，西北有斋宫、钟楼、神马圈等附属建筑。地坛建筑的内檐枋心彩画为双凤和玺彩画。建筑周围植满柏树，烘托出庄严肃穆的气氛。

方泽坛是地坛的主体建筑，是皇家盛大的祭祀礼仪之所，俗称拜台。平面为正方形，以水渠环绕象征“泽中方丘”，正方形平面象征“天圆地方”。坐北朝

■方泽坛

南的布局和按六八阴数铺成的墁石象征“地为阴”，黄琉璃砖象征“地谓之黄”。

皇祇室位于方泽坛的南侧，北向五开间。有围墙，北向一门，围墙和门楼覆黄琉璃瓦。殿内供奉皇祇神位。殿内彩画是清乾隆年间原貌，为双凤和玺彩画。

整个明清两朝，历代皇帝多次修建祭地圣坛，皇帝在每年夏至率领皇室贵族和文武百官前往举行祭地大典，以祈求国泰民安、风调雨顺。在各种祭祀地神的活动中形成了一套具有我国传统特色的祭地礼仪。

整个祭地仪式分为九个仪程，即迎神、奠玉帛、进俎、初献、亚献、终献、撤撰、送神和望瘗等。在进行仪程中演奏不同的乐章。跳文、武“八佾”舞，是一种由64人组成的古代天子专用的舞蹈。清乾隆皇帝曾额定地坛设文、武、乐舞生480人，执事生90人，可见当时乐舞队伍之庞大。

和玺彩画 又称宫殿建筑彩画，这种建筑彩画在清代是一种最高等级的彩画，大多画在宫殿建筑上或与皇家有关的建筑之上。和玺彩画根据建筑的规模、等级与使用功能的需要，分为金龙和玺、金凤和玺、龙凤和玺、龙草和玺和苏画和玺五种。它们是根据所绘制的彩画内容而定名。

祭地仪式

每进行一项仪程，皇帝都要分别向正位、各配位、各从位行三跪九叩礼，从迎神至送神要下跪70多次、叩头200多下，历时两个小时。

如此大的活动量对帝王来说是个很大的负担，所以皇帝到年迈体衰时，一般不会亲自致祭，而派遣亲王或皇子代为行礼。如清代康熙皇帝在位61年，前40年中亲到地坛致祭26次，而后21年则全部由亲王、皇子代祭。

祭地现场的纪律要求极为严格，皇帝谕旨，令陪祭官员，必须虔诚整肃，不许迟到早退，不许咳嗽吐痰，不许走动喧哗，不许闲人偷觑，不许紊乱次序。否则，无论何人，一律严惩。

据史料记载，清嘉庆二十四年，即1813年的阴历五月二十四日，因恭修皇祇室内乾隆皇帝之神座，而派遣成亲王代行祭告礼。由于成亲王向列圣配位行“终献”礼时，乱了先东后西之次序，事后被革职，退居宅邸闭门思过，并罚扣半俸10年，照郡王俸禄。此例可见君王对祭地礼仪之严肃认真。

祭祀结束后，按制度规定要向有关官员分赐食肉，叫“颁胙”。

祭前，由太常寺负责登记造册，并发给胙单，至各衙门。

祭毕，各衙门持单各自到祭所领取。据记载宗人府、内阁各十斤，六部、理藩院、都察院、通政使司、大理寺、乐部、京畿各七斤，太常寺蛮仪卫、詹事府、顺天府、太仆寺、光禄寺、鸿胪寺、六科五城各5斤，翰林院、起居注、国子监、太医院、钦天监各四斤。

明清帝王承袭《周礼》之制，每逢阴历“夏至”凌晨，皇帝亲诣此台条招“皇地祇”、“五岳”、“五镇”、“四海”、“四渎”、“五陵山”及本朝“先帝”之神位，曰“大祀方泽”。

每逢国有大事，如皇上登极、大婚、册封帝后、大战获胜、宫廷坛庙以及殿宇修缮的开工竣工等，皇帝派亲王到此代行“祭告”礼，礼仪比“大祀”稍简。

此外，在每年的农历腊月三十至正月初七，人们都会举办盛大的地坛庙会，庙会以古坛风貌作为依托，注重民族、民间、民俗特色。期间民间杂艺、特色小吃、古董字画无所不有，令人流连忘返。

阅读链接

在我国，对于土地的祭祀，还有一部分是对于土地神而言的，土地神也是道教神话传说中知名度最高的神之一，他是一方土地上的守护者，是与一方土地形成共存的神，所以，作为一方土地的土地神对管辖内的大事小情无所不知。作为地方守护神，尽管名位不高，却是我国民间供奉最普遍的神祇。

民间祭祀最为广泛的就是土地公张福德，传说张福德自小聪颖至孝，36岁时官朝廷总税官，为官清廉正直，体恤百姓之疾苦，做了许许多多善事。102岁辞世之后3天其容貌仍不变，有一贫户以四大石围成石屋奉祀，过了不久，即由贫转富，百姓都相信是神恩保佑，于是合资建庙并塑金身膜拜，因此生意人常祭祀之。

内容形式多样的祭海活动

妈祖赐福绘画

传说，在观音菩萨派默娘下凡降妖除魔、造福百姓的时候，告诉了默娘一个期限，说："二八为期，去吧！"

于是默娘下凡投胎到福建一家姓林的名门望族，她的父亲林孚曾经是福建的总管。默娘努力修习法术，想更多地帮助村民，但是一转眼默娘便16岁了。这时，默娘想起了观音向她说的话，她在凡间逗留的期限，即"二八"，二八就是16的意思。

这时，观音给她的期限已

到，她十分苦恼。岛上还有许许多多的事情等着她去做，乡亲们离不开她，后来有一位法号叫玄通的道士为她指点迷津：“二八为期，可做两解，一解为十六，二解即把二八拆开来念，不就是二十八吗？”

默娘于是便安心地留下来，继续为乡亲们除恶驱邪，直到她28岁的重阳节，告别了亲人，羽化升天。

因为林默救世济人，泽被一方，所以一直都被朝廷赐封。沿海居住，并以捕鱼为生的人们尊其为海神，立庙祭祀，民间尊称林默为妈祖。后因灵异非常，屡显灵于海上，渡海者皆祷之，被尊为天上圣母，庙宇遍及沿海各地。

妈祖信仰从产生以来，经历了1000多年，起初作为民间信仰，后来成为道教信仰，最后成为历朝历代国家祭祀的对象，它延续之久，传播之广，影响之深，都是其他民间信仰所不曾有过的。

历代皇帝的尊崇和褒封，使妈祖由民间神提升为官方的航海保护神，而且神格越来越高，传播的地域也越来越广。由莆邑一带走向五湖四海，达到无人不知，无神能替代的程度。

■妈祖塑像

由此而产生的妈祖崇拜或又称天后崇拜是海神祭祀活动中最为著名的。妈祖是福建地区的海神传说，相传妈祖殁后又多显灵迹，常常穿着红衣服，往来于海上，在风涛中救护船只，所以“里人虔祀之”。

提到海神妈祖的显圣，始于1122年路允迪出使高丽，“感神功，奏上。立庙江口祀之，赐顺济庙额”。其后，妈祖的加封原因皆为“神雾神济兴、泉饥”，“以神助火焚强寇”。

路允迪 字公弼，宋城人，宋朝时期的政治人物，官至给事中，也就是可以出入宫廷，常侍皇帝左右的官员。1123年奉诏出使高丽，搭船至东海，遇到狂风，八舟溺七，只有允迪所乘之船安然以济，船员李振说这是湄州女神显灵。

从1156年起至清朝，历代皇帝先后36次册封妈祖，清朝咸丰给予最长封号：“护国庇民妙灵昭应弘仁普济福佑群生诚感咸孚显神赞顺垂慈笃佑安澜利运泽覃海宇恬波宣惠导流衍庆靖洋锡祉恩周德溥卫漕保泰振武绥疆天后之神”。

后来，同治皇帝在1872年时再次加封时，“经礼部核议，以为封号字号过多，转不足以昭郑重，全部字后再加上‘嘉佑’二字。”封号由最初的两个字累至64字，同时还下令列入国家祀典，进行春秋祭祀，所属的宗教为道教。

神祇 宗教观念之一，作为一种民间信仰。它象征着吉祥、威力和正义，寄托着人们的愿望、幸福和慰藉。在古代的民间信仰中，《左传》记载有天神、地祇、人鬼三类，到了宋代以后，民间信仰走向交叉，佛教、道教、西方宗教的信仰和神仙系统互相交织，所属派系不再明确。

台湾的妈祖信仰也十分普遍，台湾三分之一以上信仰妈祖，台湾全岛共有大小妈祖庙510座，其中台南一地即有116座，它们的名字很多，有的叫天妃宫、天后宫、妈祖庙；有的叫天后寺、天后祠、圣母坛，也有的叫文元堂、朝天宫、双慈亭、安澜厅、中兴公厝、纷阳殿、提标馆等。福建、台湾、广东及东南亚的林氏宗亲都称妈祖为姑婆、姑婆祖、天后圣姑、天上圣母姑婆等。

妈祖作为一个古代民间的神祇，能够被不同阶层的人认可、赞扬和崇敬，是因为在妈祖身上聚集了中华民族的传统美德和崇高的精神境界。

妈祖她作为一个民间的渔家女，善良正直，见义勇为，扶贫济困，解救危难，造福民众，保护中外商船平安航行，凡此种种都是功德无量的事情，所以才会深受百姓的崇敬。

■澳门妈祖阁

由于妈祖不可撼动的海神形象，凡是出海的人几乎都会祭祀妈祖，从而产生了各种各样的关于妈祖的祭祀习俗。

妈祖的祭祀仪式分为家庭祭祀和宫庙祭祀两种。家

铳炮 对古代金属管形射击火器的概称。我国古代铳炮肇始于元，而以清末为其下限，包括了铜、铁两大类。铜质铳炮主要是以青铜铸造，也有少数以其他铜合金制成。在我国，从元代至明正德时期，是我国传统铳炮的发生和发展期。

庭祭祀包括"船仔妈"崇拜、对海祭拜、家中供奉和挂妈祖像等。宫庙祭祀则包括日常祭祀和庙会祭祀，其中庙会祭祀时举行祭祀大典。

妈祖祭祀活动有独特的方式与内容，但凡有奉祀妈祖的宫庙，其祭祀活动方式与内容也大致相同，其中尤以莆田湄州祖庙最为典型。

人们祭祀妈祖的信仰活动一般有三大类：一是大醮，二是清醮，三是出游，还有"回娘家"和"分神"。大醮即是大庆典的纪念活动，如祖庙落成，开光，千年祭等。此时祖庙内必须演奏五锣鼓，放铳炮，演木偶戏，奏八乐鼓吹，上演莆仙戏。

演戏时规定必须先跳加官、演八仙、状元游街，以后才正式开演节目。祖庙内还清经师、和尚各九人做道场法事，而经师和尚还得配备自己的吹鼓手演奏。总之，整个庆典活动规模较大，形式隆重。

■妈祖像

清醮即常年的纪念活动。主要的活动有农历三月廿三妈祖生日，农历九月初九妈祖升天纪念，这是俗定常规的春秋二祭活动。此外，还有妈祖元宵和农历八月十五庆贺中军生日。但因中军是妈祖属下，所以庆贺只在中军殿内举行。

妈祖元宵的正日在元月初十。这个节日主要是人们敬请妈祖庆赏元宵。由于湄州除祖庙外，全境还有15座妈祖宫奉祀妈祖，所以庆赏元宵的活动，是从正月初八日始至十八日止。各宫妈祖神像先后抬来祖庙上香。

湄洲妈祖庙内的妈祖像

各妈祖宫随从的仪仗队有大旗、大灯、大吹鼓，还有放铳炮，由各宫福首主持进香。祖庙请道士做醮，供品由平时祈求、许愿的信徒提供答谢祭祀，还演奏鼓吹八乐等。按惯例，元宵活动先由山尾宫抬妈祖神像到祖庙庆元宵，然后出巡庆贺元宵，有“摆棕轿”、“耍刀轿”等，有场面壮观而热闹非凡的文娱表演以及妈祖出宫、回宫活动。

农历三月廿三是妈祖诞辰纪念日，人们俗呼为“妈祖生”的庆典最为热闹，其隆重程度甚至超过春节。该日由各中正福首一人总筹其事，各宫头人各负执事之责。庆驾活动自从三月初五开始到廿三止，廿三正日，祖庙正式举行庆贺，在自廿二晚间开始，先鸣放铳炮，后做醮，照例奏鼓吹八乐、演戏。

庙内供品有五牲、五汤、什锦。五牲，即全猪、全羊、鸡、鹅、海味。五汤，是用桂元干、芡实、莲子、红枣、柿饼五种果实做面汤点。什锦，是用白豆着色，排出十种花样及文字，分别放在十个小碗内，

春节 我国最富有特色的传统节日，我国过春节的习俗已超过4000年的历史，关于春节的起源有多种说法，但其中普遍接受的说法是春节由虞舜时期兴起。春节一般指正月初一，是一年的第一天，又叫阴历年，俗称“过年”。在春节期间，我国的汉族和很多少数民族都要举行各种庆祝活动。

■祭祀妈祖的情景

是干品。此外，还有烧金、“表礼”。

农历九月初九的妈祖升天纪念活动，因为是忌日，纪念活动的特点是戒荤，供品不备五牲，一律用素食，祖庙内行三斋六戒，从九月初六至初九演戏。

据湄州祖庙载，对于天上圣母三月廿三寿诞春祭及九月初九祖庙圣母秋祭，都有一套严格规定的供品数额，春祭开祚发赏也都有定规。

出游是湄州全境祈求妈祖平安的一种活动仪式，目的是请妈祖巡游全境，扫荡妖氛，庇护全境黎民平安顺意。这种出游，不一定每年都举行，出游的日子也不是固定的。

每年二月初一，即湄州岛习俗的“头牙”。这个规矩不同于莆田其他地方二月初二“头牙”的习俗。人们在妈祖神像前问卜祈安，如“卜杯”同意，则在祖庙做祈安法事、演戏等。如“卜杯”不同意，便决定出游。此时，全乡耆老集中祖庙决定出游负责人，再“卜杯”确定出游的月份，然后择日师推算出游具体日期。

出游的那一天，湄州全境15宫的妈祖同祖庙的妈祖全部抬出去巡游并规定到下山宫驻驾一天。诸宫妈祖东西两行排列，祖庙妈祖则排在东边首席。

供品 指为供奉逝去之人于桌上或墓前摆放的点心、瓜果一类祭品，也指供奉神佛祖宗用的瓜果、酒食等。藏语中的“供品”这个词，既指对神佛的恭敬与崇拜，也指实际供奉给神佛圣物的物品。

出游后，“卜杯”决定妈祖回驾祖庙的时辰。妈祖圣驾回銮，先是五驾、中军，继为祖庙妈祖，后为各宫妈祖相随。下山宫的妈祖排在最后，因为它是妈祖驻驾时的宫庙主人。

五驾 我国古代以拉车的马匹的多少来区分地位，所谓“五驾马车”，不是说五匹马拉的车，而是说五匹马一组一辕，分前、中、后三组来拉的车。

分神是外地妈祖执事人员到湄州祖庙的请香仪式，故称“分神”或叫“分灵”。通常是当外地妈祖庙有庆贺活动或节日时，虔诚的信徒便不论远近，专程来到福建湄州祖庙，敬请妈祖驾临该地妈祖宫观赏，赐福。

事后，“香火”即留该处，不再送回。以后如有活动，仍然举行一次请香仪式。在天后妈祖的官祭仪式中，赤湾天后宫的“辞沙”祭祀习俗格外特别。

辞沙仪式可以追溯到1464年的明代，从明代开始，凡在赤湾过往的渔民或出使各国的官员都要停船靠岸，到天后庙进香，以大礼祈神保佑，以求出海平

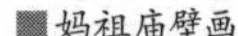
妈祖庙壁画

黄谏 字廷臣，号兰坡。明正统七年探花，授翰林院编修，迁侍读学士。黄谏是明代的知名学者，才华横溢，诗文并茂，著有《书经集解》《诗经集解》《使南稿》《从古正义》等。流传甚广的《饶歌鼓吹》是一首记述明将坚守兰州及徐达与王保保定西之战的史诗。

安顺利。在翰林院学士广州府事黄谏《新建赤湾天妃庙后殿记》记载：

> 凡使外国者，具太牢祭于海岸沙上，故谓‘辞沙’。太牢去肉留皮，以草实之，祭毕沉于海。

过去人们在出海前，会用“太牢”祭祀妈祖，祭祀的时候，人们将牛、羊和猪这三种牲畜去肉留皮，用草填实，摆祭于海边的沙滩上。祭祀完毕，将三牲沉于海中，而这整个祭祀的仪式便称为“辞沙”。

后来，“辞沙”成为了从赤湾出海者起航前一种固有隆重仪式的名词。

从天后诞辰的半个月前开始，各地的信众就会从各地赶来，海湾内万船云集，宫内外张灯结彩，沙滩

■妈祖庙里的香炉

上舞龙舞狮，热闹非凡。据《香港掌故》中记载：

妈祖庙里的香火

> 由于赤湾天后古庙宏伟，每年农历三月廿三天后诞，香港九龙水陆居民都前往赤湾天后庙去贺诞。

每逢农历三月廿三，妈祖诞辰，来沙滩上举行“辞沙”祭祀的信众数不胜数，“辞沙”祭祀大典是赤湾天后宫独有的。“辞沙”前，做生意的人会事先在天后宫周围搭起商铺，销售香烛和食品。主持人则会将各绅士的捐赠登记、造册并入库。

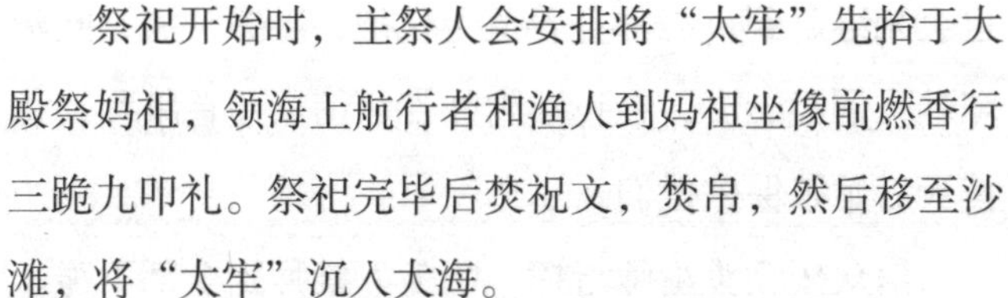

祭祀开始时，主祭人会安排将“太牢”先抬于大殿祭妈祖，领海上航行者和渔人到妈祖坐像前燃香行三跪九叩礼。祭祀完毕后焚祝文，焚帛，然后移至沙滩，将“太牢”沉入大海。

然后举行舞狮、唱戏、武术表演和杂耍等，而在赤湾港停留的渔船则会爆竹齐鸣，彩旗招展，盛况空前。

后来因为各种原因，辞沙的方式发生了改变，由海边移到了庙堂，但是人们没有忘记到赤湾举行盛大的“辞沙”祭妈祖活动，每到辞沙活动举行的时候，照样是热闹非凡。

太牢 古代帝王祭祀社稷时，牛、羊、豕三牲全备为“太牢”。古代祭祀所用牺牲，行祭前需先饲养于牢，故这类牺牲称为牢。又根据牺牲搭配的种类不同而有太牢、少牢之分。由于祭祀者和祭祀对象不同，所用牺牲的规格也有所区别，天子祭祀社稷用太牢，诸侯祭祀用少牢。《礼记》中太牢指的是大牢。

■祭祀中的妈祖信徒

整个辞沙活动会持续四天，在辞沙的第一天下午，会有一些人先到天后宫。他们会在正殿、左右殿和阅台上摆设水果、饼干、牛奶等供品，给油灯添灯芯草和香油，做完这些他们还会在山门平台上用竹片搭好人形架子，用纸糊一个“鬼王”。

这“鬼王”右手执令箭，左手托“善恶分明”令牌，腰系大鼓，面目恐怖。同时还会再糊一个县令装束的纸人和其所骑的小白马。到了晚上，他们则要在大殿举行一个简单的祭拜仪式。

到了第二天上午，巫师、武术表演和舞狮表演等也会相继赶到，巫师身着道士长袍，敲锣击鼓，吹奏唢呐，诵经念文，在正殿内外带领信众叩首祭拜，祈祷天后娘娘保佑他们。

信众按领头巫师指挥，叫跪下祭拜则全部下跪，喊起来祭拜就全部起身。祭拜结束后，信众们就开始观看舞狮表演和武术表演了。舞狮队共有12人，4名年长者负责敲锣打鼓，8名童子负责舞两只狮。舞狮表演开始，8名男孩配合默契、动作协调，给人一种有力、阳刚、威武洒脱之感。

武术表演中，个个功底扎实，手脚有力、行动迅捷，时而翻跟斗，飞毛腿，时而蹲马步，金鸡独立，

令牌 道教斋醮科仪中常用法器。道教法器令牌起源于中国古代军队发号施令用的虎符。《道书援神契》有“令牌”项称，“《周礼》，牙璋以起军旅。汉铜虎符上圆下方，刻五牙文，若垂露状。背文作一坐虎，形铭其旁曰：如古牙璋，作虎符。近召将用令牌，此法也”。

拳打脚踢，叫人眼花缭乱，赢得信众们的阵阵掌声和喝彩声。

到了午后，会看到一位阿妈搬来一张竹椅坐在山门处，双目紧闭，嘴里念念有词，全身故意抖动，百余人在围观，当说到“阿妈保佑我们”的时候，引来一阵阵喝彩声。有人看她的脚一直在抖动，就提来几袋物品，试图压住，但几袋物品全被抖动的双脚抖掉，此举也引来一阵笑声。

另有一个老太太，手执一把燃烧的香，放入嘴中，烟从鼻子里冒出，香从嘴里取出后，竟安然无恙，围观者拼命鼓掌喝彩，还给这老太太口袋里塞红包。

在第三天晚上，大家把“鬼王”抬到院内的广场上燃烧，在燃烧前，大家争先恐后去撕“鬼王”腰上挂着的纸鼓。信徒们认为带上这纸片可祛邪，很快“鬼王”的鼓就会被信众抢去。

紧接着就要点鬼王了，巫师嘴里要念着咒语去点燃“鬼王”，鬼王点燃后大家都会把纸钱和大米撒向火海。此时，纸钱“鬼王”照天烧，整个大院火光冲天，亮如白昼。

第四天，整个辞沙活动就达到了高潮。开始举行盛大祭拜仪式，人们给天后娘娘下跪叩首，锣鼓唢呐声回荡在大殿。

妈祖庙檐头

仪式结束后，会有一只狮子表演者在震耳的锣鼓声中腾空而起，随即俯首用嘴轻轻舐着放在案台上的所有供品，以示吉祥。巫师抱着两个纸箱，一个装着红花白花，一个用来装

锣鼓 是戏剧节奏的支柱。戏曲的唱念、表演、舞蹈、武打，都具有很强的节奏性，而锣鼓是一种音响强烈、节奏鲜明的乐器，有了锣鼓的伴奏，增强了戏曲演唱、表演的节奏感和动作的准确性，帮助表现人物情绪，点染了戏剧色彩，烘托和渲染了舞台气氛。

钱，他们到供品放置的案台旁，逐个分发红花白花。据说白花代表添男，红花代表添女。

当巫师将红花白花放到信徒供品上或放到衣服的围兜里时，信徒都要合掌致谢，还要不拘多少向妈祖献些财物。不久那只空荡的纸箱便装满了钱。

辞沙仪式的最后一个程序是，将用红纸抄写的所有参加这次祭祀活动人员的名单，放在用纸糊的县令手上抱着，然后点燃县令和小白马，连同大家的名字一起化为灰烬。

缥缈的香烟把人们的芳名和愿望一起带给天后娘娘，给天后娘娘传递一个信息，让她在遥远的神仙国度里知道她的信徒是如何地虔诚。

至此，整个辞沙仪式也就结束了，信徒们也会渐渐离开。信众在祭拜妈祖后，还都会到许愿意树下摘取树叶。他们摘得树叶有的放在供品上，有的插在抬神像的轿子上，有的插在头发上，但大多是把它带回到家中，插在门楣上或插在花瓶里，表示希望把吉祥和神灵护佑带回家。

■祭祀中的舞狮表演

还有一些地方的渔民每当在出海之前，都要在船上祭祀神祇，烧化疏牒，俗称“行文书”。然后由船老大将杯中酒与盘中肉抛入大海，称“酬游魂”，以求出海打鱼时平安无事。祭祀时要放一副“太平坊”，即棺材板，出海时，放在船上。棺材板冠以“太平坊”之名，与渔民在大海上作业时很有可能被巨浪吞噬相关。

葬身大海是渔民大忌，因葬身大海与“入土为安”的习俗大相径庭。因此放一副棺材板，以求太平无事，若死，也得死在家里，才能“入土为安”。

■ 妈祖庙里的妈祖塑像

祭祀仪式除了在妈祖庙中进行的宫庙祭祀外，还有一种家庭祭祀。家庭祭祀是指民间信众祭拜妈祖仪式，实际上是妈祖祭祀系列最原始仪式，大致包括舟祭、海祭、家祭、堂祭等几种。

舟祭是指在船上供奉妈祖神像，在出海、归航或遇大风大浪危急时祭拜妈祖一种形式。从宋代以来，我国各类船上几乎都供奉妈祖神像。船家在起航前、航行中、归航时都要依例祭祈妈祖，祈求航程平安。

祭礼包括上供品，点香烛、三叩九跪、祈求祷告等，虽然简单，但这种习俗成了航海人不可逾越的规矩，具有普遍性，正如宋人赵师侠诗云：

舳舻万里来往，有祷必有安全。

自南宋起，便有例定舟内载海神妈祖，朝夕拜

轿子 一种靠人或畜扛、载而行，供人乘坐的交通工具，曾在东西方各国广泛流行。就其结构而言，轿子是安装在两根杠上可移动的床、坐椅、坐兜或睡椅，有篷或无篷。一般认为，轿子是在古代车子的基础上演变而来的。

■祭祀妈祖的用品

赵师侠 一名师使，字介之，号坦庵，宋太祖子燕王赵德昭七世孙，居于新淦，为淳熙二年，也就是1175年进士，有《坦庵长短句》一卷流传于世。

兵部 又称夏官、武部，我国古代官署的名称，其长官为兵部尚书，又称夏卿。兵部是我国古代吏、户、礼、兵、刑、工的六部之一。兵部负责掌管选用的武官以及兵籍、军械、军令等。

祈。据《天后显圣录》记载，仅明代就有兵部尚书张悦贺庆送渤泥国王回国舟上祷神，尹璋往榜葛剌国水道途中祷神，郑和等七下西洋舟上祈神十多例。可见，民间商贾渔人行船中拜祭妈祖是很平常的事。

海祭是古代沿海百姓祭祈妈祖最普遍形式。在明清各代文人记载中即可见到。在清代晚期，莆田涵江、仙游枫亭、忠门港里一带民众都有海祭妈祖习俗。沿海民众每逢妈祖诞辰或升天日，便聚集海边，备齐三牲五果，向妈祖焚香祷告，祈求海上平安。

海祭与庙祭不同之处在于，拜祭人是向大海撒鲜花、美酒，以示崇敬，而附近舟船都会聚集海边，形成千舟朝拜的壮观场面。特别是贤良港宋代古码头，正对着由三块巨大礁石形成的天然三炷香，自古是海祭妈祖的天然场所。

海祭有着“人神共乐、人海共偕”特征，是海洋文化中民俗活动的生动例证，其祭事习俗影响广泛，每年都有众多分灵妈祖庙宇派人参加，台湾、香港、澳门妈祖庙进香团也常前来朝拜。

家祭指信众在家中设妈祖神龛，每逢初一、十五及妈祖诞辰、升天日拜祭习俗，是信众个体最常用祭祀方式。

堂祭指妈祖同族后裔在林氏祠堂或分布世界各地的华人联谊堂会祭拜妈祖的民俗活动。实际上，它是一种家族性祭祀方式，尤其在莆田林氏族裔和东南亚华侨中广泛传承。祭祈时间一般选在妈祖诞辰日或升天日。

我国民间的家庭祭祀虽然没有宫庙祭祀隆重壮观，但经历千年民间洗礼，一直被广为传承，已成亿万妈祖信众生活习俗，对妈祖文化在民间传播和发展有着重要作用。

神龛 指放置道教神仙的塑像和祖宗灵牌的小阁。神龛大小规格不一，依祠庙厅堂宽狭和神的多少而定。大的神龛均有底座，上置龛。祖宗龛多为竖长方形，神像龛多为横长方形。龛均木造，雕刻吉祥如意图案和帝王将相、英雄人物、神仙故事图像，金碧辉煌。

■祭祀妈祖的仪式

龙王 是我国神话传说中在水里统领水族的王，掌管兴云降雨，为人间解除炎热和烦恼，是我国古代人们非常敬重的神灵。龙王治水成了民间普遍的信仰。传说共有东海敖广、西海敖钦、南海敖闰、北海敖顺这四个以海洋为区分的四海龙王。

其实，在我国渔民的神灵信仰中，作为海神信奉的主要还有龙王、民间仙姑、以及海生动物鲸鱼、海鳖等，其中尤以龙王为重，龙王是我国渔民最早崇信的海神。

在我国古代，龙王是非常受古代百姓欢迎的神之一。在我国古代的传说中，龙王往往具有降雨的神性。后来佛教传入我国之后，为了扩大在本土的影响力，附会本土文化，把水蛇翻译成龙。

唐宋以来，帝王封龙神为王。从此，龙王成为兴云布雨、为人消灭炎热和烦恼的神，龙王治水则成为民间普遍的信仰。

■妈祖庙里的护法神

唐玄宗时，诏祠龙池，设坛官致祭，以祭雨师之仪祭龙王，宋太祖沿用唐代祭五龙之制，宋徽宗还在大观二年也就是1108年的时候特意下诏“天下五龙皆封王爵”，封青龙神为广仁王，赤龙神为嘉泽王，黄龙神为孚应王，白龙神为义济王，黑龙神为灵泽王。

到了清代的时候，同治皇帝又在1863年的时候封运河龙神为“延庥显应分水龙王之神”，令河道总督以时致祭。

在道教中认为，东南西北四海都有龙王管辖，叫四海龙王。另有五方龙王、诸天龙王、江河龙王等。后来的小说《西游记》中提到的四海龙王，即东海龙王敖广、南海龙王敖钦、北海龙王敖顺、西海龙王敖闰，使四海龙王成为妇孺皆知的神。

■ 妈祖庙里的福泽群生牌匾

由此，龙王之职就是兴云布雨，为人消灭炎热和烦恼，龙王治水成了民间普遍的信仰。道教《太上洞渊神咒经》中的“龙王品”称，“国土炎旱，五穀不收，三三两两莫知何计时”，元始天尊乘五色云来临国土，与诸天龙王等宣扬正法，普救众生，大雨洪流，应时甘润。

古人认为，凡是有水的地方，无论江河湖海，都有龙王驻守。龙王能生风雨，兴雷电，职司一方水旱丰歉。因此，大江南北，龙王庙林立，与土地庙一样，随处可见。如遇久旱不雨，一方乡民必先到龙王庙祭祀求雨，如龙王还没有显灵，则把它的神像抬出来，在烈日下暴晒，直到天降大雨为止。

厢房 又称护龙，是指正房两旁的房屋，经常出现在三合院、四合院中，正房坐北朝南，厢房多为在东西两旁相对而立，我国传统文化中以左为尊，所以一般来说东厢房的等级要高于西厢房，而且在建筑上东西厢房高度也有所差别，东厢房略高于西厢房，但是差别很小，肉眼看不出来。

威海刘公岛上有建于明代末年的龙王庙，庙内有前后殿和东西厢房，庙前有戏楼，用来举行庆典和祭神仪式，正殿中间有龙王塑像，左右站列龟丞相和巡海夜叉。在威海地区的一些偏僻岛屿和渔村，龙王庙

■ 妈祖庙顺济殿内供奉的西海龙王

更是当地渔民必不可少的信仰场所。

这些龙王庙与上述龙王庙相比规模要小得多，一般都是用石头搭成，和村里的土地庙相似，但比土地庙要高、要大，石头都是经过加工的料石，比土地庙堂皇得多。龙王庙内大多坐有龙王石像或泥塑像。

而人们对龙王的祭祀仪式主要有第一次出海前的祭海，以及龙王生日、春节等特殊日期，而民间节日期间对于海神的祭拜主要集中在春节。每年的大年三十，白天要上船将各处打扫干净，舱门上张贴起大红对联。

大年夜，鸣锣上船请“海神娘娘”回家过年。元旦初一的五更起来，第一件事就是鸣锣登船祭拜，然后才回家为亲人拜年。海边渔村凡有龙王庙的村庄，每年春节初一的清晨，首先要到海边的龙王庙上香，然后才进行其他节日活动。

春季祭海仪式实际上就是一年渔业生产的开工仪式，除此以外，在其他的渔业生产活动中，也有一些有关海神祭祀的内容。

土地庙 又称福德庙、伯公庙，为民间供奉土地神的庙宇，多于民间自发建立的小型建筑，属于分布最广的祭祀建筑，各地乡村均有分布，以至凡有汉族民众居住的地方就有供奉土地神的地方土地庙。土地神源于远古人们对土地权属的崇拜。

过去，稍大一点的船上都专设神龛，供奉海神娘娘，有的海上运输的帆船还有专管上香的香童。日照一带渔民，每当渔船遇到风浪，放桅抛锚后，船老大要率领全船人员祭拜海神娘娘。

祭祀时，船老大站在船面上，口含清水朝东南漱一次，再进舱为海神娘娘上香敬酒，口中念念有词，祈求风平浪静。平安返航时，有的人家在龙王庙唱大戏，以筹谢神灵。据老渔民讲，在渔船遇到风浪时，海神娘娘送来的灯，以挂在不同桅杆的不同方位昭示此行的安危凶险，给人们以鼓舞和启示。

在捕捞或航运过程当中，如果遇到鲸鱼群，即“龙兵过”时，所有船只必须避让，焚香烧纸，敲锣打鼓，并向海里倾倒大米、馒头，为龙兵们添粮草。等到鲸鱼过后，渔货船才能够恢复作业或航行。

每当渔业丰收以后，各地渔民都有庆祝活动。渔民称渔业丰收为“发财”，发财后敬天名为“杀发财猪”。渔船丰收，返航临近家门时，在大桅顶上挂“吊子”，是一种特制的旗帜。如果是特大丰收，

龙王庙里的龙王塑像

古代祭龙王的情景

则大桅、小桅一起挂，称为“挂双吊”。

岸上的人们见挂“吊子”，船主便率人相迎。登岸后，船主用黄裱纸蘸猪血焚烧，意为敬给海神一头猪。祭神后，猪头归船老大，猪蹄归“二把头”，猪尾巴分给大师傅，猪内脏留作账房的酒菜，剩下的猪肉做成饭菜，不仅全体船员及其家属来吃，村人、路人都欢迎入席，当地民俗认为来客多即预示着下次出海又会“发财”。

阅读链接

在每年农历正月十三的时候，是我国传统中海的“生日”，每到这一天，山东海阳沿海的渔民就会放起鞭炮、扭起秧歌，开展一系列的祭海活动，以祈盼一年风调雨顺，渔业丰收。而附近的渔民们也会准时出现在海边，开始举行祭海仪式，人们端出早已准备好的祭品，有猪头、鸡、鲤鱼、大馒头等，人们焚香化纸，燃放鞭炮烟花，朝着大海行叩拜礼。用鲤鱼来祭祀海龙王，是取“鲤鱼跳龙门”的寓意。